경제지표로 보는
주식시장 흐름읽기

안창희 · 이종우 지음

한국경제신문

Copyright ⓒ 2005, 안창희 · 이종우
이 책은 한국경제신문 한경BP가 발행한 것으로
본사의 허락없이 이 책의 일부 또는
전체를 복사하거나 전재하는 행위를 금합니다.

■서문

경제지표를 알면 주식시장이 보인다

사람들이 주식 투자를 하는 목적은 하나이다. 자본 이득이 되었든, 배당 소득이 되었든 투자를 통해 이익을 얻고자 하는 것이 그 목적이라 할 수 있다. 목적은 하나라도 결과에 도달하는 과정은 천차만별이다. 가장 손쉽고 접하기 쉬운 방법으로 기술적 방법을 애용하는 사람이 있는가 하면, 시장의 변동성을 피하기 위해 데이 트레이딩을 업으로 삼는 사람도 있다.

   이 책을 쓴 목적은 두 가지이다.
   첫째, 새로운 투자법보다 정통적인 방법론을 다시 정리해 보고자 하는 바람이다. 정통적인 방법은 일견 낡고 진부한 것으로 치부될 수 있지만, 반대로 오랜 시간과 많은 사람들을 통해 검증받았다는 장점도 있다. 따라서 기술적 분석과 같이 쉽게 접근할 수 있는 기법들을 통해 일시적으로 좋은 성과를 내는 데 만족하지 않는다면, 전통적인 투자 기법에 대한 이해가 필수적일 수밖에 없다. 최근 우리 시장에서 붐을 일으키고 있는 '가치주'와 '배당 투자'도 이런 조류를 반영한 것으로 보인다. IT 기술 발달로 투자자들의 시장 접근성이 높아지고, 특히 기업들의 무한한 매출 성장과 그보다 높은 수익 성장의 전망이 제시되면서 '가치와 배당 투자'는 멸종의 위기에 처한 듯 싶었다. 그러나 이후 이어진 IT 버블 붕괴와 주식시장 접근성 강화의 역풍이라는 상황 변화는 정통적인 방법론으로 회귀하도록 만들었다.

이런 점은 1장과 2장에 제시된 시장 예측에서도 마찬가지이다. 대부분의 투자자는 거시변수를 통한 시장 예측에 별 관심이 없다. 하지만 경제학의 기본 법칙이 유명무실해지지 않았으며, 시장경제 체제에서 당장 확인 가능한 변화가 없는 한 경기와 금리에 따른 주가 예측은 헛된 일이 아니다.

둘째, 단순히 이론의 소개에서 한발 더 나아가 이들 방법이 어떻게 실제 투자에 적용될 수 있는가를 알아보는 데 초점을 맞췄다.

아무리 뛰어난 이론이라도, 투자에 적용하기 힘들 정도로 복잡하다면 의미가 없다. 투자는 '과학과 기술'이라는 두 측면을 모두 지니고 있기 때문이다. 이 책에서는 사례 분석을 통해 적용성 문제를 해결했다. 가능한 한 우리 주식시장에서 사례를 찾고자 했으나, 선진국 시장의 사례까지 범위를 넓혀 투자자들이 다양한 접근을 할 수 있도록 노력했다.

우리나라에 주식시장이 처음 모습을 갖추기 시작한 것은 1956년이니 벌써 반 세기의 세월이 흘렀다. 처음 7개 상장기업에서 출발한 시장이 이제 시가총액만 300조 원을 넘어 세계 유수의 시장으로 성장했다.

그러나 투자 기법의 과학화가 시장의 성장에 필적할 만큼 진보했는가 하는 물음에 자신 있게 대답할 수 있는 사람은 그리 많지 않을 것이다. 이런 면에서 정통적인 방법을 새롭게 적용하려는 노력은 꼭 필요한 작업일 수밖에 없다.

이 책의 내용 중 상당 부분이 경험 많은 펀드 매니저나 분석가 들에게는 익숙한 것이겠지만, 참신한 아이디어와 기존의 투자이론을 새롭게 적용한 부분은 모든 사람을 만족시킬 수 있을 것으로 확신한다.

한화증권 대표이사
안 창 희

서문 | 경제지표를 알면 주식시장이 보인다 003

PART 1 경제지표로 주식시장 흐름 읽기

01 주가를 움직이는 경제변수
왜 주가는 경기에 따라 움직이는가 014 | 경제변수와 주가의 관계 017

02 경제변수 영향에 대한 실증 분석
시장에 영향력이 큰 변수 선택 046 | 경제변수에 따른 주가 영향-미국 048 | 경제변수에 따른 주가 영향-일본 050 | 경제변수에 따른 주가 영향-한국 053 | 금융시장의 환경 변화와 정부 정책 055

PART 2 7가지 종목별 투자 전략

01 가치주 투자
왜 가치투자가 필요한가? 066 | 내재가치 측정 방법 069 | 내재가치를 측정하는 지표 072 | 가치주식 매매법 074 | 국내외 가치투자 사례 079

02 성장주 투자
성장주는 계속 변한다 089 | 성장주 투자 전략 092 | 성장 기업을 결정짓는 요인 096

03   경기 관련주

경기와 밀접하게 관련 있는 주식 103 | 경기 민감주의 특징 104 | 경기 관련주의 투자 시기 106 | 경기 순환주 투자시 필요한 자세 108 | 미국의 경기 관련주 투자 사례 109 | 우리나라의 경기 관련주 투자 사례 112

04   배당 투자

배당 투자시 고려할 점 119 | 배당을 많이 하는 기업의 특징 121 | 배당가능 이익의 측정법 124 | 우리나라 상장 기업의 배당 성향 125 | 우리나라의 배당 투자 사례 127 | 미국의 배당 투자 사례 130 | 배당 투자 전략을 사용하는 펀드 134

05   현금흐름 우량주

현금흐름이란 무엇인가 137 | 기업 발전의 원동력, 현금흐름 139 | 현금흐름표의 구성 141 | 현금흐름 내역의 활용 148

06   소형주와 방어주

소형주 투자 154 | 방어주 투자 171

07   주가순환에 맞춘 투자법

투자 시기를 고려해야 하는 7개 그룹 181 | 경기에 민감한 업종들 182 | 경기 방어 업종들 189 | 금리에 민감한 업종들 191 | 소형주 194

PART 3   주가 1,000P 시대 성공 투자법

01   1,000P 주가 진입의 의의

장기 주가 상승의 토대 201 | 주가 상승으로 금융시장에 나타나는 5가지 변화 208

02   주가 장기 상승기의 투자법

간접 상품 216 | 직접 투자 221

PART 1
경제지표로
주식시장 흐름 읽기

01
주가를 움직이는 경제변수

미국 동부 표준시간으로 2004년 1월 28일 14시 20분. 미국 연방준비제도이사회(FRB)가 이틀 동안의 금리조정 회의를 마치고 경기 전망을 발표했다. FRB의 경기 전망은 중앙은행이 앞으로 어떤 금융정책을 펼 것인가를 판단하는 잣대가 되기 때문에 투자자들이 관심을 가질 수밖에 없는 지표이다. 이 발표에서 FRB가 물가 상승이 우려된다는 의견을 밝힐 경우, 금리 인상 가능성으로 해석되어 시장에 악영향을 미칠 수 있는 상황이었다. 회의 전까지만 해도 투자자들은 경제성장률이 8%를 넘었지만, 정황상 금융확대 정책이 계속될 것으로 판단했다. 물가 상승률이 1%대에 그치고, 실업률 역시 좀처럼 낮아지지 않았기 때문이다. 그러나 막상 발표문에 '상당 기간' 금리를 올리지 않겠다는 문구가 누락된 사실이 알려지자, 주식시장이 약세로 기울기

자료 : Bloomberg

시작해, 한 시간도 채 안 되어 다우지수가 200P 이상 떨어졌다.

"주가는 영원히 하락하지 않을 고지대에 도달했다(Stock prices have reached what looks like permanently high plateau.)"

이 말은 현대자본 이론의 창시자인 어빙 피셔(Irving Fisher)가 1929년 10월 14일 구매자관리협회 월례 정기 모임에서 한 얘기이다. 학자이면서 1920년대 초에 이미 미국경제의 장기 호황과 주가 상승을 예측해 1,000만 달러 이상을 벌어들인 그의 얘기 한 마디 한 마디에 투자자들은 큰 관심을 보였다. 특히 사업가이자 시장 예측가인 로저 밥슨(Roger Babson)이 그 해 9월 초, 주식시장이 '심각하게' 붕괴될 것이라고 예측했기 때문에 피셔의 얘기는 더욱 인상적이었다. 그러나 피셔의 예측은 빗나가고 말았다. 그의 연설이 있은 지 2주 후에 주식시장이 대폭락하기 시작한 것이다. 폭락 이후 예측가로서 피셔의 명성은 땅에 떨어졌다. 그가 1920년대에 강세장이 오리라는 것을 정확히 예측한 일이나, 유리한 경제 환경을 조성하기 위한 FRB의 중요성을 강조한 점도 그다지 도움이 되지 못했다.

주가를 움직이는 힘은 무엇일까?

1956년에 5대 시중은행과 전방 등 몇몇 기업의 참여로 시작한 우리 주식시장은 사람들에게 투기와 내부자 거래의 무대로 간주되었다. 몇몇 사람이 통정 매매를 하는 것은 물론, 1962년에 군사 정부가 직접 주가 조작에 개입하는 이른바 '4대 의혹사건'이 터지기도 했다.

우리나라 주식시장은 1985~88년까지 3저 호황을 겪고 난 후 자리를 잡기 시작했다. 주식시장에 참여하는 투자자들이 3년 동안 급격하게 늘어났고, 시가총액도 20조 원에서 100조 원으로 5배 이상 급신장했다. 일간지에 처음으로 증권시장과 관련한 소식이 실리기 시작한 것도 이때부터였다. 1980년대 후반에 시장이 양적으로 커졌다면, 우리 주식시장이 질적으로 성숙할 수 있었던 계기는 1992년 외국인 한도 개방이다. 1992년 이후 투자 종목은 물론, 시장 움직임도 선진국과 같이 합리적인 형태를 갖추기 시작했다.

우리 주식시장이 지나온 궤적을 보면, 1985년 이전까지는 주가가 시장 수급에 따라 움직이고, 1980년대 후반에 와서야 비로소 경제 요인을 반영했을 것으로 추측하기 쉽다. 그러나 시장 규모가 작고,

상장된 회사가 몇몇에 지나지 않던 1960년대에도 주가 등락을 경제 상황과 비교해 보면 둘이 정확히 일치한다. 1972년 3월~74년 2월까지 경기 상승기에 주가가 115.2% 상승한 반면, 경기가 하락했던 1년 2개월 동안에는 53.4%가 떨어진 것이 대표적인 예일 것이다. 우리나라가 겪은 일곱 차례의 경기 순환기에도 경기가 상승할 때에는 주가가 평균 50.1% 올랐고, 경기가 하강할 때에는 평균 26.2% 떨어졌다.

결국 시장은 어떤 상황에서도 현명한 다수가 펀더멘털 요인(경기, 금리, 기업실적 등…)을 반영하여 만들어간다는 사실을 알 수 있다.

왜 주가는 경기에 따라 움직이는가

경기가 좋을 땐 주가가 올라가고, 경기가 나쁠 땐 주가가 떨어진다.

경기가 좋아졌다고 생각해 보자. 기업의 생산활동이 활발해져 고용이 늘어나고, 이윤이 증가할 것이다. 이 경우 고용된 근로자에게 지급되는 임금이 늘어나 소득이 증가한다. 소득이 늘어나면 소비가 덩달아 증가하고 투자가 왕성하게 일어나는 과정이 순차적으로 진행된다. 이 같이 기업의 이윤이 증가하고, 개인의 부(富)가 늘면, 주식을 사려는 사람이 많아져 주가가 오른다

생산활동 활발 ➡ 고용 증가 ➡ 기업이윤 증가 ➡ 소득 증가 ➡ 소비 증가 ➡ 투자 증가 ➡ 총수요 증가 ➡ 주가 상승

반대로 경기가 나빠지는 경우를 생각해 보자.

정부의 긴축정책 등으로 경기가 위축되면 기업의 생산활동이 둔해져 재고가 늘어난다. 이는 순차적으로 생산 둔화와 기업 이윤 악화를 낳고, 실업이 늘어나 개인 소득이 줄게 된다. 소비와 투자가 위축될 경우 국가 경제의 총수요가 줄어들고, 주가가 떨어진다.

> 생산활동 위축 ➡ 재고 증가 ➡ 기업이윤 감소 ➡ 실업 증가 ➡ 소득 감소 ➡ 소비 위축 ➡ 투자 축소 ➡ 총수요 감소 ➡ 주가 하락

따라서 투자자 입장에서 경기 변화만 잘 파악해도, 최소한 주식투자에서 패자(敗者)가 되지는 않을 것이다.

주가와 경기를 연결하는 핵심 고리는 기업 실적이다. 우리나라 경제는 지난 수십년 간 확장을 계속해 왔으며, 기업 이익의 진폭이 컸다. 따라서 경기와 주가 관계가 다소 어긋난다. 그러나 미국은 기업 이익이 GDP를 따라가는 경향이 뚜렷이 나타나고 있다. 실례를 보면 제2차 세계대전 이후 미국의 명목 GDP 성장률과 이익 증가율은 각각 연평균 7.1%와 7.4%였다. 물론 지난 1993~97년 같이 기업 이익 증가율이 연평균 13%인 반면, 명목 GDP 성장률이 5.7%에 불과한 기간도 있었다. 그러나 이는 IT 붐과 장기 경기 호황으로 노동력이 부족한 탓이었을 뿐 장기적으로 기업 이익과 경제는 상당히 일치했다.

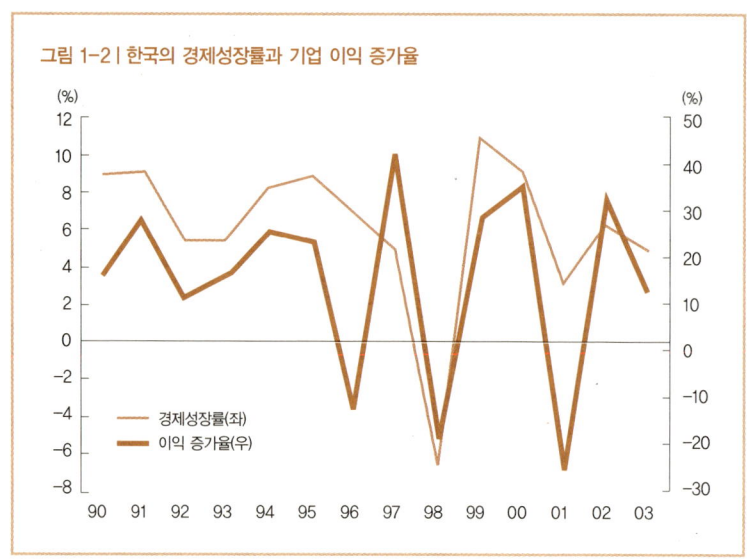

그림 1-2 | 한국의 경제성장률과 기업 이익 증가율

자료 : 한국은행, 한화증권

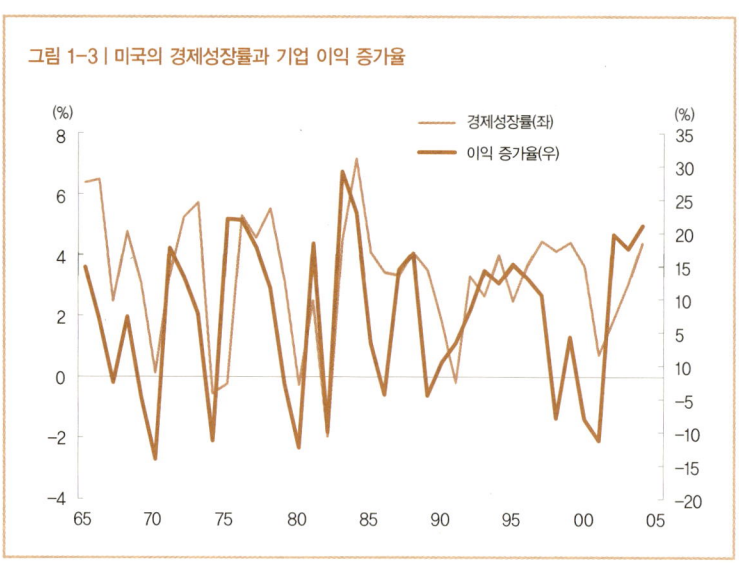

그림 1-3 | 미국의 경제성장률과 기업 이익 증가율

자료 : Datastream

경제변수와 주가의 관계

여러 경제지표와 주가의 관계를 정리해 보면 〈표 1-1〉과 같다.

   가장 중요한 것이 경기인데, 호경기일 때 주가가 상승하고, 불경기일 때 주가가 하락한다. 호경기일 때는 평소 매출 부진에 허덕이던 기업조차 설비를 증설해야 할 정도로 매출이 늘고, 판매 단가도 급등해 대규모 이익을 낸다. 반면 불경기 때에는 수요가 줄어 선도

표 1-1 | 경제변수와 주가와의 관계

경제변수	주가와의 관계
경기	- 경기 상승시 주가 상승 - 재고순환, 설비순환, 건축순환의 세 가지 경기 사이클이 있음 재고순환은 1~4년의 주가순환을, 설비순환은 10년 이상의 주가순환을 결정함. 세 가지 사이클 중 재고순환이 주가와 가장 밀접한 연관성을 지님
금리	- 금리 상승시 주가 하락 - 금리는 경기 회복이 어느 정도 진행된 이후 상승
통화량	- 통화량 증가 초기에는 유동성이 확대되어 주가 상승 - 통화량 증가 이후 일정 기간이 지나면 물가를 자극해 주가에 부정적인 영향을 미침
물가	- 소폭의 물가 상승은 제품 단가 상승을 통해 주가에 긍정적 영향 - 물가가 큰 폭으로 상승하면 실물 자산으로 대체 투자가 발생하고, 정부 통화 정책이 긴축으로 전환되어 주가에 부정적인 영향을 미침
부동산	- 경기 호황 후반에 주가 상승이 나타난 이후 부동산 가격 상승 - 초기에는 주가와 부동산이 동반 상승하나 부동산 상승률이 높아질수록 유동성이 부동산으로 대체되어 주가에 부정적인 영향
환율	- 원화 절상시 외화부채가 많은 기업이 수익성 개선으로 주가 상승 - 원화 절상시 수출 비중이 높은 기업의 주가 상승 - 원화 절하(절상)시 외국인 매도(매수) 증가

기업마저 영업 부진의 늪에 빠진다.

경기 사이클은 단기인 재고순환에서 최장기인 건설순환까지 세 가지가 있는데, 주가에 영향력이 가장 큰 것은 재고순환이다.

금리도 경기 못지않게 중요하다. 금리는 기업이 차입한 자금에 대해 떠안아야 하는 부담분이므로 주가에 디스카운트 요인이다. 따라서 금리가 상승할 경우 주가가 하락하고, 금리가 하락할 경우 주가가 상승하는 것이 일반적이다.

통화량은 중앙은행이 공급한 본원통화가 여러 번의 파생 과정을 거쳐 형성된다. 통화 증가율이 높을수록 시중에 유동성이 많아져 주식시장으로 자금 유입이 늘어나고, 반대로 통화 증가율이 낮아지면 주식시장에서 자금이 빠져나갈 가능성이 높다. 통화량과 주가의 관계는 통화량이 늘어나는 초기에는 유동성이 늘어남에 따라 주가가 상승하지만, 통화량이 지나치게 늘면 물가를 자극해 주식시장에 부정적일 수 있다.

물가와 주가의 관계는 제품 가격을 매개로 생각하면 쉽게 이해할 수 있다. 소비자 물가는 여러 제품 가격에 가중치를 곱한 것이므로, 제품 가격이 높아질 때 물가가 상승하는 것이 일반적이다. 따라서 경기 회복 초기에 물가가 소폭 상승할 경우, 제품 단가가 따라 오르면서 기업 이익이 좋아진다. 반면 물가가 급격히 상승할 경우, 정부가 긴축정책을 펴기 때문에 주식시장에 부정적이다.

환율은 주가에 복합적인 영향을 미친다.

원/달러 환율이 절상될 경우 제조업 전체 매출의 약 절반에 달하는 수출 매출액이 환율 하락분만큼 줄어든다. 물론 수입 중간재 도입 비용 감소로 인해 매출원가가 줄어 경상이익률 하락을 일부 완화해 주지만, 매출 감소의 영향이 더 크기 때문에 이익이 줄어들 가능성이 높다. 외화자산 및 외화부채의 존재도 환율 변화와 관련해 중요하지만 그 크기는 매출 감소에 비해 미미한 수준에 그친다.

환율 변화는 업종별 주가에 다른 방향으로 영향을 미친다. 원화가 강세일 경우 수출 비중이 높은 운수장비와 전기전자 업종의 이익 감소가 큰 반면, 정유와 음식료 등은 오히려 이익이 증가한다. 정유업의 이익이 증가하는 이유는 제품 제조원가 구성상 원재료 비중이 높고 수입원재료 투입 비중이 86%에 달해, 환율이 하락할 경우 매출원가 절감 효과가 수출액 감소 효과를 압도하기 때문이다.

1. 경기

경기 순환이 주가순환을 결정하고, 경기의 진폭은 주가의 등락 폭을 좌우한다. 즉 경기가 저점에서 정점으로 향할 때 오르는 폭이 크면 주가도 그만큼 바닥에서 높이 상승하는 반면, 정점에서 저점까지 내려올 때 수축이 심하면 심할수록 주가도 크게 떨어진다.

경기 순환은 기간에 따라 네 가지로 구분된다. 가장 짧은 것은 기업이 갖고 있는 재고에 따라 경기의 호불황이 나타난다는 것으로 평균 2~4년의 주기를 갖고 있다. 여러 순환 중 주식시장에 가장 중요한 순환이다. 이 순환은 다음과 같이 4단계로 나뉜다.

1국면 : 기업 매출이 부진에서 벗어나 호전되지만, 생산이 바로

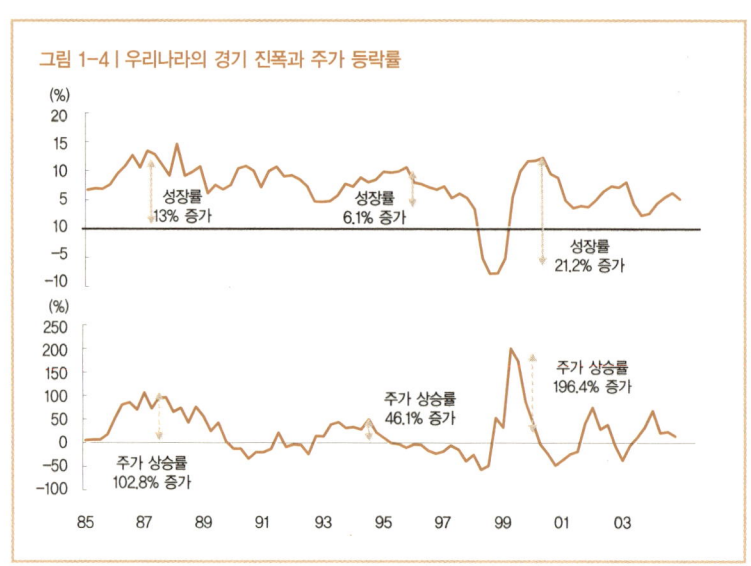

자료 : 한국은행, 증권거래소

증대되지 못해 재고가 매우 낮은 수준을 유지하고 있다.

2국면 : 1국면 이후 호황 국면에 접어들면 기업의 매출이 늘어난다. 생산은 매출 증가의 영향으로 더 늘어나며 재고 역시 증가한다.

3국면 : 경기가 정점을 지나 수축하기 시작하면 매출이 줄어들지만 기업이 생산을 줄이는 데 시간이 걸려 재고가 더욱 늘어난다. 따라서 기업이 의도하지 않은 재고가 발생한다.

4국면 : 마지막으로 경기 수축이 심화되어 불황이 되면 기업은 매출 부진에 대응하여 생산을 충분히 줄이게 되므로 재고가 감소한다.

기업 수익과 주가는 1국면부터 회복세를 보인다. 생산이 아직 활기를 띠지는 못하지만 재고 감소로 제품 가격이 서서히 상승하고, 재고를 관리하는 비용도 줄어 기업 수익이 조금씩 늘기 때문이다.

2국면은 주가와 기업 수익이 1국면보다 더욱 빠르게 증가한다. 이 시기에는 제품 가격과 함께 원재료 가격도 올라가지만, 제품 가격 상승에 따른 영향이 더 커 기업 이익이 크게 늘어난다. 2국면의 기업 이익 증가와 1국면의 이익 증가 사이에는 차이가 있다. 즉 1국면의 이익 증가는 주로 비용 감소에 기인한 반면, 2국면은 매출 증가에 따른 영업 호전이 큰 역할을 한다.

3국면부터 비용 증가에 이어 영업 부진으로 기업 이익이 감소하기 때문에 주가가 하락한다. 의도하지 않았던 재고가 늘어남에 따라 유동 자산이 급증하고, 이를 관리하기 위한 비용이 더욱 늘어난다. 한편, 재고가 증가함에 따라 제품 가격이 떨어지기 시작하는데 기업들이 재고를 줄이기 위한 덤핑 판매를 단행할 경우 이 같은 경향이 더욱 심해진다.

4국면은 매출이 감소하는 등 기업 활동이 극도로 위축되는 시기이다. 이때는 업종의 일류 기업과 이류 기업 간에 이익과 주가 차별화가 본격화되는데, 일류 기업은 안정적인 매출처를 갖고 있어 매출 감소의 영향이 적은 반면, 이류 기업은 그렇지 못하기 때문에 주가의 차이가 생긴다.

주가가 경기에 따라 좌우된다는 사실을 알았으면, 어떤 방법으로 현재 경제 상황을 판단할 것인가 하는 일이 과제가 된다.

가장 손쉽고 확실한 방법은 경제성장률을 이용하는 것이다. 성장률은 한 나라의 경제가 일정 기간 동안 생산한 재화와 서비스의 합이 얼마나 늘어났는가를 나타낸다. 따라서 GDP 증가율이 높을수록 기업 이익이 늘어나는 것이 일반적이다.

그러나 경제성장률은 결정적인 제약 요인을 갖고 있어 주가 판단에 직접 사용할 수 없다. 대표적인 것이 시차(時差)인데 성장률은 분기에 한 번씩 산정되고, 그 결과는 2개월이 지나서야 발표되기 때문에 현재 경제 상황과 5개월 이상 차이가 난다. 실물 경제에서는 이 차이가 심각한 장애가 아닐지 모르지만, 주식시장에서는 치명적인 약점이 될 수 있다. 따라서 주가에 관한 한 성장률은 경제의 큰 흐름을 판단할 수 있는 지표 정도로만 사용된다.

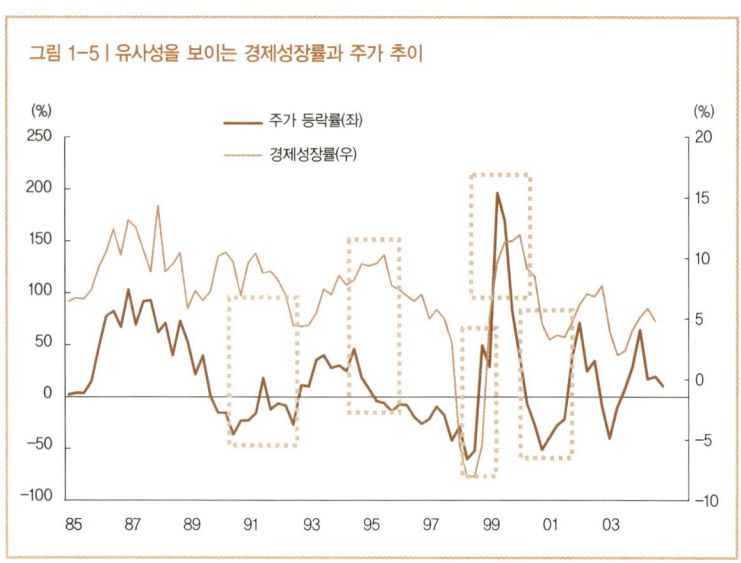

그림 1-5 | 유사성을 보이는 경제성장률과 주가 추이

자료 : 한국은행, 증권거래소

이런 약점을 보완하기 위해 많이 쓰는 지표가 경기종합지수 중 선행지수와 동행지수 순환변동치 및 생산 증가율이다.

우리나라의 대표적인 종합경기지표라고 할 수 있는 경기선행지수는 각종 경제지표들의 전월 대비 증감률을 합성하여 작성한 것인데, 동 지수의 전월에 대한 증감률이 플러스(+)일 경우 경기 상승을, 마이너스(-)일 경우 경기 하강을 나타낸다. 한편, 증감률의 크기에 따라 경기 진폭의 크기까지 알 수 있으므로 경기 변동의 방향, 국면 및 전환점은 물론 변동 속도까지도 동시에 분석할 수 있는 편리한 지표이다. 1970년 이후 선행지수 움직임을 살펴보면, 경기 저점과 정점을 약 3~6개월 정도 앞서서 나타냈다. 따라서 경기가 좋아 보여도 선행지수가 하락하기 시작한다면 주식 매수에 주의를 기울여야 한다.

동행지수 순환변동치는 경기 순환을 판단하기 위해 만든 지표이다. 경제 규모는 기술의 발달 등으로 계속 확장되는 것이 일반적이다. 문제는 경제가 확장되는 가운데에서도 경기가 좋아지고 나빠지는 순환이 나타난다는 점인데, 이 부분만을 알아보기 위해 통계를 이용해 경기가 추세적(趨勢的)으로 확장되는 부분을 제거한 지표이다. 1970년 이후 순환변동치는 경기 정점기에 대체로 103~107 내외, 저점기에 94~98 내외 수준을 기록했다.

앞에서 GDP의 정의가 '한 나라가 일정 기간 동안 생산한 재화와 서비스의 시장가치 합'이었던 점을 상기해 보자. GDP가 경기 추세를 알려주는 가장 확실한 지표임에도 불구하고 이를 사용하기 힘든 이유는 시차 때문이었다. 그렇다면 GDP를 만드는 요인을 시차가

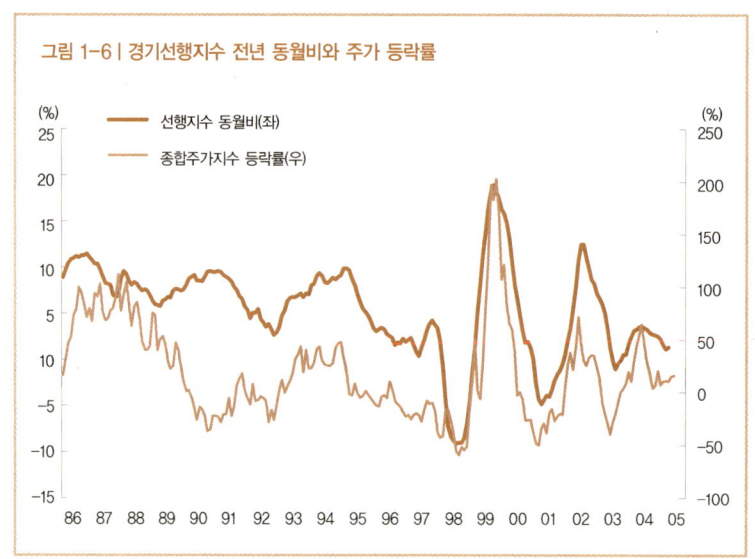

자료 : 통계청, 증권거래소

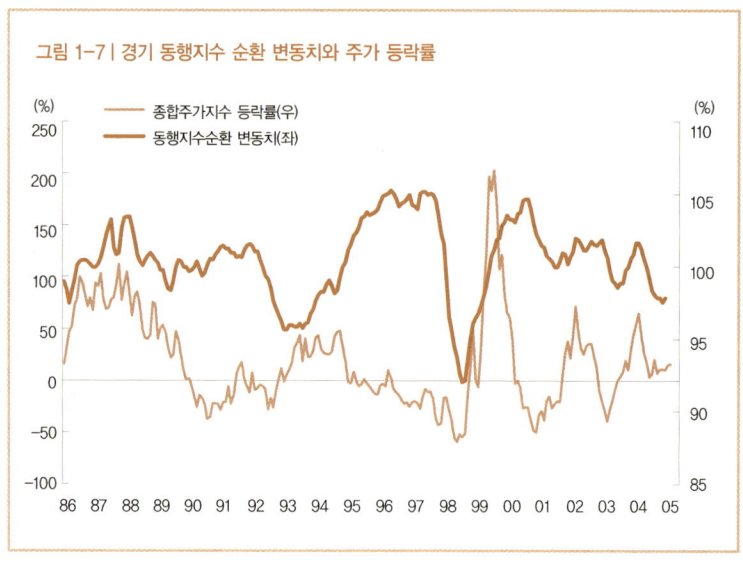

자료 : 통계청, 증권거래소

 우리나라의 경기 순환과 주가

우리나라 경제가 처음으로 경기 순환의 모습을 보이기 시작한 것은 1964년이다. 이때 시작된 경기 상승이 우리나라가 경험한 경기 순환 중 최장(最長)이었으며, 그 배경에는 제2차 5개년 계획과 1965년 베트남 파병이 있었다. 1964년 3월~71년 5월까지 장장 86개월에 걸쳐 확장 국면이 나타났고, 이에 따른 과잉 투자, 기업 재무구조 악화 등을 해결하기 위한 구조조정 정책이 시행되면서 1년 간 경기가 둔화되었다. 우리 주식시장에서 가장 오랜 기간 동안 상장되어 있는 경방이 주식시장에 등장한 해가 1956년이었으니, 당시 주식시장을 현재 기준으로 살펴보면 걸음마 단계였다고 볼 수 있다. 1970년대 초까지만 해도 거래할 만한 주식이 많지 않았고, 주식에 투자하는 사람도 소수에 불과했으며, 연간 은행 이자가 20%를 넘어 굳이 주식 투자의 필요성이 없는 시기였다. 이처럼 열악한 상황 속에서도 주가는 경기에 따라 움직였다. 1960년대 말까지 베트남 특수는 주식시장을 움직이는 주역이었다. 당시 베트남에서 벌어들인 기업의 돈으로 경기가 호전되었고 주가는 1967~71년까지 무려 359%나 상승했다.

베트남 특수의 열기가 식으면서 조금씩 둔화를 보이던 경기는 1972년 8·3조치와 1972~73년 세계 경기 호전으로 잠시나마 확장 국면을 맞는다. 그러나 1973년 말 제1차 석유파동이 발생하면서 1974년 3월~75년 6월까지 경기가 급랭한다.

주식시장도 경기회복에 맞춰 1972년부터 상승세를 타기 시작했다. 그러나 경기가 호전되어도 기업의 사정은 좋지 못했다. 은행이 초보적인 수준을 벗어나지 못했으며, 기업은 만성적인 자금 부족에 시달려 사채시장에 대한 의존도가 높았다. '부채 증가와 이자부담 증가'에 따른 기업활동 둔화가 경제에 걸림돌이 되자 정부가 이런 폐단을 타개하기 위해 1972년 8월 3일 사채동결 조치(8·3조치)를 취했다. 주요 내용은 기업과 사채업자 간의 모든 채권·채무 관계를 8월 3일자로 무효화하고 새로운 계약으로 대체한다는 것이었다. 신고한 사채에 대해서는 월 1.35%의 이자만 지불하도록 했는데, 당시 한국은행의 조사에 따르면, 1971년 우리나라 기업들이 사용하던 사채의 평균 금리가 월 3.84%였으니 사채이자 부담이 갑자기 3분의 1 수준으로 줄어든 것이다.

사채동결과 함께 금리인하 조치가 취해졌고, 기업 공개를 촉진하기 위해 상장기업에 대한 세제상 혜택과 주주로서의 권리 보호를 내용으로 하는 자본시장 육성법이 발표되어 주가가 크게 상승했다. 현재 거래소에 상장되어 있는 대표 기업의 상당수가 1972~73년 사이에 상장되었는데, 이들은 8·3조치 후속 대책인 자본시장 육성법에 따라 상장했기 때문이다. 그러나 1972년에 시작된 주가 상승은 경기 호전이 채 끝나기 전인 1973년 7월부터 내리막길로 접어든다. 세계 경기 호전으로 원자재 가격이 상승하자 물가가 급등해 정부의 통화정책이 긴축으로 선회했기 때문이다. 주가 하락을 가속화한 것은 제1차 석유파동이었다. 배럴당 5달러대를 유지하던 원유 가격이 20달러를 넘자, 경기가 급격히 위축됐고 주가는 16개월 동안 31%나 하락했다.

제1차 석유파동으로 위축되었던 세계 경기는 선진국 경기가 다시 회복 국면에 들어섬과 동시에 중동 건설 붐이 가세하며 1979년 2월까지 확장 국면으로 이어진다. 그러나 1979년 3월에 시행된 경기안정 대책과 제2차 석유파동, 1979년 말 정치적 불안 등이 겹치면서 급격한 경기 후퇴로 끝을 맺는다. 이때 실질 경제성장률이 11.7%, 수출 증가율이 36.2%에 이르는 등 유례없는 호황을 맞았지만 후퇴기인 1980년에는 성장률이 처음으로 마이너스를 기록하는 등 뚜렷이 대조되는 모습을 보였다. 당시 주식시장의 주역은 건설주였다. 유가가 급등하자 중동에서 대규모 건설 사업이 벌어졌고, 우리나라의 건설업체가 여기에 적극적으로 참여했다. 건설업체들이 중동에서 벌어들인 돈으로 국내에서 주택구입 붐이 일어나 경기와 주가 상승을 이끌었다. 당시 건설주 상승이 얼마나 두드러졌는가는 경기 확장 기간이 4년 여에 걸쳐 지속되고 주가도 65.6P에서 153.7P까지 오른 것을 통해 알 수 있다. 경기 진폭이 컸던 만큼 주가의 하락도 빨랐다. 경기 호황 끝 무렵에 경쟁적으로 진행된 중화학공업 투자가 중복 투자로 귀결되어 기업의 수익성이 악화되었고, 건설주에 대한 기대가 꺾이면서 주가는 급락했다.

1980년의 정치적 혼란과 제2차 석유파동을 넘긴 경제는 국제 원자재 가격 안정과 때맞춰 단행된 정부의 경기부양 대책에 힘입어 1981년부터 회복 국면으로 들어갔다. 당시의 특징은 정부가 엄격한 총수요 관리 정책을 펴 물가 상승률이 4%대로 낮아지는 등 경제 체질이 과거와 확연히 달라졌다는 점이다.

주식시장은 1980년 침체기에서 벗어나 조금씩 상승하기 시작했다. 그러나 전체적으로 살펴보면 1985년까지 5년 동안 과거와 같은 활기를 회복하지 못했다고 볼 수 있다. 3저 호황에 따른 본격 상승에 들어가기 전까지 종합주가지수는 100~140P 수준의 긴 터널에서 벗어나지 못했던 것이다. 당시 주가가 지지부진했던 이유는 1970년대 중반에 시작된 중화학공업 투자의 후유증 때문이다. 산업 합리화 조치가 불가피할 정도로 공급 능력이 확대되어 기업의 재무제표가 악화된 데다, 석유 위기와 미국의 경기 둔화로 세계의 수요 또한 줄어 주식시장을 견인할 만한 요인을 찾을 수 없었다.

4년에 걸친 주식시장 침체가 끝난 것은 1985년 7월이었다.
이 확장 국면은 1986년부터 시작된 원유가격 하락, 국제 금리 및 달러화 평가절하에 따른 3저 현상이 바탕을 이루었다. 여기에 해외 경기 회복이 더해지면서 나타났다. 동 기간 중 우리 경제는 높은 성장률, 물가안정, 경상수지 흑자 등으로 상당한 성과를 거둘 수 있었다. 3저 현상이 나타날 수 있었던 바탕에는 재정과 무역수지를 막겠다고 15%에 달하는 고금리를 고수하던 미국 정부가 경기 둔화를 우려해 저금리 기조로 선회했고, 여기에 국제 유가의 수요가 감소한 이유가 있었다. 달러화는 고평가에 따른 후유증으로 경상적자가 늘어나자 '플라자 협정'을 맺어 엔화를 250엔대에서 180엔대로 끌어내렸다. 경기 호전과 경상수지 흑자로 해외 유동성이 증가하면서 국내 주가는 빠르게 상승했다. 종합주가지수 140P에서 200P를 넘기까지 무려 6년 3개월이란 시간이 걸렸지만, 300P를 넘는 데는 10개월이면 충분했다. 주가 상승은 현대자동차, 금성사 등의 제조 기업에서 시작됐다. 현대자동차의 경우 미국 시장에서 호평을 받으며 수출 물량이 늘어나는 등 충분히 주가를 선도할 수 있는 여건이었다. 그러나 간판 제조 주식들의 상승은 1년 여 만에 멈추었고 1986년 중반 이후 주식시장을 이끌어준 대표주는 '트로이카(금융, 건설, 무역) 주식'이었다. 간판 제조주가 저점 대비 5~7배 정도 오르는 데 그친 반면, 금융주는 100배에 달하는 상승을 기록했다.

3저 호황이 끝나면서 불황에 빠졌던 국내 경제는 1992년부터 다시 회복세로 돌아섰다. 하지만 그것도 잠시, 1995년부터 침체기를 맞은 후 결국 외환위기까지 몰리는 상황이 연출된다.
당시 경기호황은 설비투자와 수출이 주도한 전형적인 '설비순환형'이었다. 대외적으로 미국 경기가 회복되고 동남아시아와 중국 경제도 빠르게 성장했다. 반면 엔화 강세는 지속돼 1995년 4월 80엔까지 떨어졌다.
이와 같은 대외 여건 호전으로 반도체, 자동차, 석유화학, 철강 등 우리나라 주력 업종의 수출이 크게 증가했고 국제 시황 호조로 이들 제품의 수출 가격 역시 올라 기업 이익이 크게 늘었다. 그러나 부작용도 만만치 않았다. 수입 의존도가 높은 우리나라에서 설비투자 확대는 수입 증대 요인이 되었고 그 결과 1994년부터 경상수지 적자가 늘어났다.
주가는 주력 업종에 속하는 종목을 중심으로 상승하여 처음으로 '주가 차별화'의 양상이 나타났다. 그 중에서도 가장 돋보인 것이 반도체인데 16메가 메모리 반도체 가격이 48달러까지 올라 우리나라에서 최초로 1조 원 이상의 순이익을 내는 기업이 탄생했다.

좀더 짧은 지표로 본다면 GDP가 갖고 있는 약점이 어느 정도 극복되지 않을까?

이런 개념에서 출발한 것이 산업생산지수 증가율이다. 산업생산지수는 일정 기간에 이루어진 산업생산 활동 수준을 나타내는 지표로서 전체 경기 흐름과 거의 유사하게 움직인다. 따라서 주가와도 비슷한 모습을 보이는 것이 일반적이므로, 시장을 판단할 때 유용하게 사용되는 지표다.

2. 금리

금리는 세 가지 경로를 통해 주가에 영향을 미치는데, 첫번째는 배당할인 모형에 기초한 방법이다.

'갑' 이라는 사람이 A라는 주식을 갖고 있다고 가정해 보자. 그가 현재 갖고 있는 주식을 평생 팔지 않을 경우, 주식을 보유함으로써 얻을 수 있는 이익은 배당금이 전부이다. 따라서 현재 A주식의 주가는 그가 평생 동안 주식을 갖고 있을 때 받을 수 있는 배당금을 합한 금액이 된다.

만일 평생 동안 받을 수 있는 배당금을 지금 모두 받는다면 어떻게 될까?

지금 갖고 있는 1,000원은 내년에 가질 수 있는 1,000원과 가치가 다르다. 지금 갖고 있는 돈은 써버릴 수도 있고, 다른 사람에게 빌려줘 이자를 받을 수 있는 등 다양한 선택이 가능한 반면, 내년에 받을 수 있는 돈은 이렇게 사용할 수 없다. 당연히 지금 갖고 있는 1,000원이 미래의 1,000원보다 훨씬 가치가 클 수밖에 없다. 따라서 내년에 받을 수 있는 배당금과 올해 받는 배당금이 똑같이 1,000원이라 해도, 내년에 받을 배당금을 올해 한꺼번에 받는다면 1,000원을 적당히 할인(割引)하는 것이 타당하다. 이렇게 미래에 받을 수 있는 돈을 할인하는 도구가 금리이므로 금리는 주가에 중대한 영향을 미친다.

금리가 1%인 경우와 5%인 경우를 비교해 보자. 1%일 때는 내년에 받을 수 있는 배당금을 올해 받는다 해도 할인을 조금만 하면 된다. 그러나 금리가 5%라면 훨씬 많은 금액을 할인해야 하므로, 금리가 5%일 때 주가가 1%일 때보다 낮아질 수밖에 없다.

두번째는 금리에 따라 자산 선택이 달라진다는 점이다.

주식이든 채권이든 투자에 사용되는 자금은 항상 더 높은 이익을 찾아다닌다. 따라서 시중 금리가 오르면 은행 수신 금리 등 각종 금리도 따라 올라 돈이 주식에서 채권 관련 상품으로 이동하게 된다. 반대로 금리가 낮아지면 이자 소득이 줄게 되어 자금이 채권에서 주식 관련 상품으로 이동한다. IMF위기 이후 자금동향이 이를 잘 보여준다. 1998년 초에 금리가 30%까지 오르자 투신사 공사채형 수익증권으로 100조 원의 자금이 몰렸지만, 1998년 10월에 금리가 10% 이하로 떨어지면서 돈의 흐름이 채권에서 주식시장으로 바뀌어 주가가 오르는 기폭제가 됐다.

금리에 따른 자금 이동은 이론적으로 타당하나, 이동 금액과 속도는 상황에 따라 달라진다. 우리나라는 일반적으로 금리 하락 초기에 장기 채권 관련 상품으로 자금이 이동한 후, 시간이 지나면서 만기가 거의 없는 MMF나 MMDA 같은 상품의 비중이 늘어났다. 이 과정이

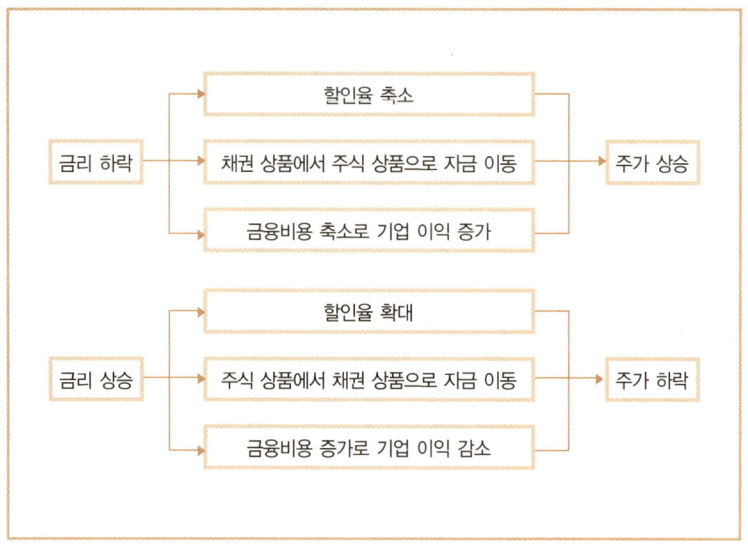

일단락된 후에야 주식시장으로 자금이 이동하는데, 이는 금리 하락이 어느 정도 진행된 후에 저금리에 맞춘 자산 재배치가 이루어지기 때문이다. 금리 상승기도 하락기와 마찬가지로 자금이 곧바로 주식에서 채권으로 몰리지 않고, 어느 정도 시간이 지난 후에야 이동이 나타난다.

세번째는 금리가 하락할 경우 기업 실적이 좋아진다는 점이다.

금융자산이 부채보다 많은 회사의 경우 금리가 올라가는 것을 반기겠지만, 우리나라 대부분 기업은 예금보다 부채가 많아 금리가 내려가야만 이자 부담이 줄어든다. 따라서 금리가 떨어지면 그 회사의 이익이 늘어나 주가가 상승할 수 있다.

단순한 금리의 높낮이 못지않게 주가 판단에 중요한 지표가 금리 차이다.

정부나 기업이 채권을 발행할 때 그 채권에는 '몇 월 며칠(만기일)까지 얼마의 금리(약정 금리)'로 채무액을 변제하겠다는 내용이 명시되어 있다. 따라서 채권은 발행 시점에서 만기일까지 기간에 따라 장기 채권과 단기 채권으로 구분되는데, 우리나라는 통상적으로 3년을

표 1-2 | 금리차의 원인과 주식시장 영향

금리차 동향		요 인	경기 및 주가 동향
단기 상승/ 장기 상승	금리차 확대	- 단기 금리는 중앙은행의 통화긴축으로 상승 - 장기 금리는 통화긴축에도 불구하고, 경기에 대한 낙관으로 상승	- 경기활황 국면에 나타남 - 주가의 상승 가능성이 높음
	금리차 축소	- 단기 금리는 통화긴축으로 상승 - 장기 금리는 통화긴축에 따른 경기 둔화 우려로 단기 금리에 비해 상승 둔화	- 경기활황 마지막 국면에 나타남 - 주가 하락세 전환
단기 상승/ 장기 하락	금리차 축소	- 단기 금리는 통화긴축으로 상승 - 장기 금리는 경기에 대한 비관으로 하락	- 경기활황이 끝나고 불황이 시작될 가능성이 높음 - 주가 약세
단기 하락/ 장기 하락	금리차 확대	- 단기 금리는 중앙은행의 통화확대 정책으로 하락 - 장기 금리는 불황이 조기 마무리될 것으로 기대하여 단기 금리보다 하락 둔화	- 경기 둔화 조기 마무리 기대 확산 - 주가 바닥 이후 상승
	금리차 축소	- 단기 금리는 중앙은행의 통화확대 정책으로 하락 - 장기 금리는 통화확대정책에도 불구하고 경기 둔화가 심화될 것이란 우려로 단기 금리보다 크게 하락	- 경기 비관론 지속 - 주가 하락 지속
단기 하락/ 장기 상승	금리차 확대	- 단기 금리는 중앙은행의 통화확대 정책으로 하락 - 장기 금리는 경기 회복에 대한 기대로 상승	- 경기 회복에 대한 기대 확산 - 주가 바닥 이후 상승

기준으로 삼는다. 즉 채무를 3년 이내에 갚겠다고 약속할 경우 이 증서가 단기 채권이 되고, 변제 기간이 그보다 길면 장기 채권이 되는 것이다.

그러면 장기와 단기 채권으로 나누는 기간 구분은 금리에 어떤 영향을 미칠까?

1년 만기와 10년 만기 채권 두 가지가 있을 때, 10년 만기 채권이 1년 만기 채권에 비해 금리가 높은 것이 일반적이다. 10년 사이에 경기가 둔화될 수 있고, 심지어 국가가 부도나는 상황이 생길 수도 있는데 이 같은 위험은 금리를 통해 보상해 주어야 하기 때문이다.

한편 장기와 단기 금리는, 변하는 요인이 다른데 단기 금리는 중앙은행의 통화정책에 따라 바뀌는 반면, 장기 금리는 경기에 대한 투자자들의 판단에 따라 변한다. 즉 중앙은행이 경기 침체를 막기 위해 통화 확대와 금리 인하 정책을 사용할 경우 단기 금리가 하락하고, 경기의 지나친 팽창을 막기 위해 통화를 긴축하고, 금리를 인상할 경우에는 단기 금리가 상승하게 된다. 장기 금리는 투자자들이 경기가 회복될 것으로 기대할 경우 상승하는 반면, 경기가 위축될 것이라고 생각하면 하락한다. 이 같이 장기 금리와 단기 금리는 움직이는 요인과 속도가 다르다. 따라서 이 둘 사이의 차이(=금리차)가 커지거나 작아지기도 하는데, 금리차는 주식시장에 신호 기능을 한다. 일반적으로 금리차가 커질 경우 주가에 긍정적이고, 금리차가 줄어들면 부정적이라고 해석한다.

앞에서 금리와 주가는 반대 방향으로 움직인다고 했지만 현실을 보면 금리와 주가가 정확하게 반대로 움직이는 경우는 흔치 않고,

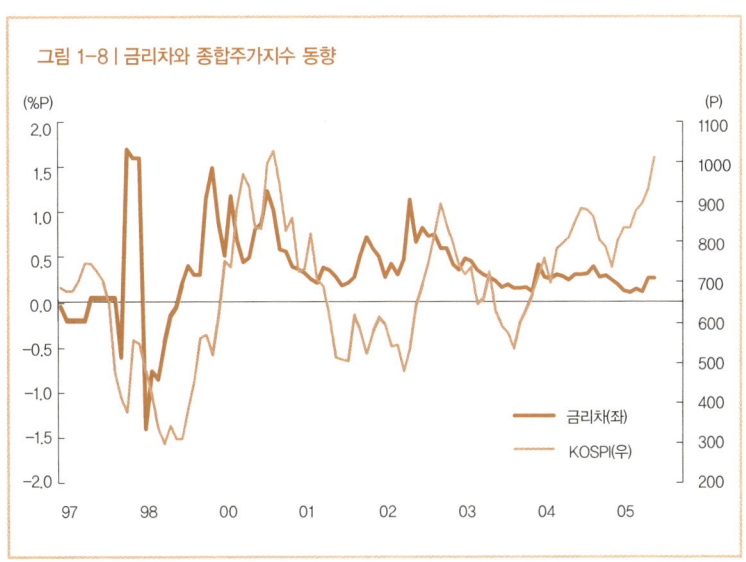

자료 : 한국은행, 증권거래소

둘이 동시에 오르거나 내리는 경우가 많다. 이런 현상에 대한 해석은 간단하다.

경기가 회복되는 초기에는 기업의 자금수요가 많지 않고, 중앙은행의 금융완화 정책이 계속되어 금리가 내려가지만, 경기 회복이 어느 정도 진행되면 금리가 다시 상승한다. 이때 주식시장에서는 경기 상승에 따른 긍정적인 영향이 금리 상승에 따른 부정적인 영향을 압도하게 되는데, 이런 영향력 차이때문에 금리와 주가가 동시에 상승한다.

경기 둔화 때에도 마찬가지이다. 경기 둔화로 주가가 하락하는 초기에 금리는 계속 올라간다. 기업의 투자가 마무리되지 않아 자금수요가 늘어남과 동시에, 정부의 금융 긴축 정책이 본격화되기 때문이다. 시간이 지나면 금리와 주가가 동시에 떨어진다. 금리는 경기 둔화에 따른 기업 자금 수요 둔화와 정부의 공격적인 금융 정책으로 떨어지고, 주가는 금리 하락보다 경기 둔화에 따른 부정적 영향 때문에 하락한다. 앞의 경우와 마찬가지로 경기 둔화의 영향력이 금리 하락을 압도한 것이다.

이렇게 금리와 주가가 상황에 따라 같은 방향 또는 반대 방향으로 움직이기 때문에, 특정 시점에 주식과 채권 중 어떤 쪽에 투자하는 것이 더 유리한가를 판단할 수 있는 지표가 있어야 한다.

이 같은 필요에 따라 만들어진 것이 금리에서 주가수익배율(PER)의 역수를 차감한 Yield Gap이다.

> Yield Gap = 채권 수익률 - 100 / PER

이 수치가 플러스일 경우 채권에 투자하는 것이 주식에 투자하는 것보다 유리하며, 반대로 마이너스일 경우 주식에 투자하는 것이 채권에 투자하는 것보다 유리하다.

PER의 역수는 어떤 기업의 주식을 샀을 때 투자자가 이론적으로 얻을 수 있는 이익의 정도를 의미한다. 해당 기업의 이익에 대한 기대치가 채권에 안전하게 투자할 때보다 높아야만 주식 투자가 매력을 가질 수 있다.

만일 수익률이 이보다 낮다면 주식보다 채권에 투자하는 것이 유리한데, 이에 대한 판단은 Yield Gap을 통해 가능하다.

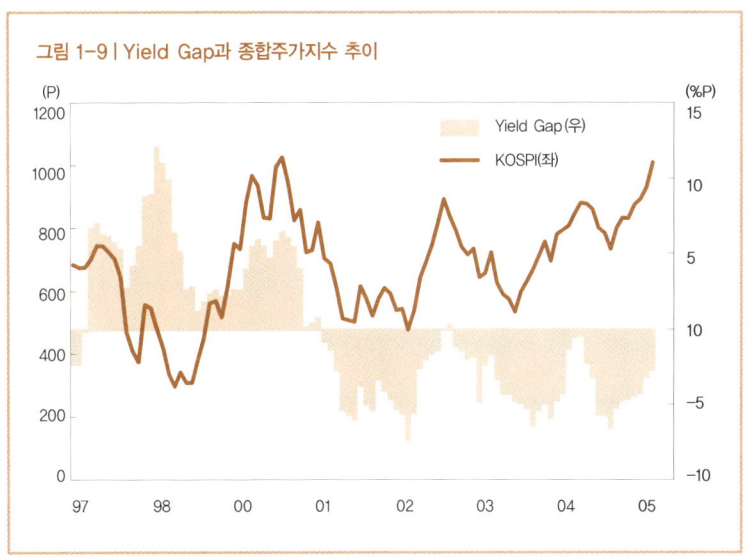

자료 : 한국은행, 한화증권

3. 통화량

통화량 변동이 주가에 미치는 영향에 관해서는 두 가지 상반된 의견이 존재한다.

첫째는 통화량이 증가하면 주가도 올라간다는 주장이다. 투자자들이 주식을 통화의 대체 자산으로 인식하기 때문에 '통화량 증가 = 주식 수요 확대'의 관계가 성립한다고 본다.

투자자들이 여러 금융 자산을 일정한 비율로 유지하려는 경향이 있다고 가정해 보자. 2003년 말에 A라는 투자자가 전체 금융 자산 중 50%를 채권으로, 40%를 예금으로 갖고 있었다면, 2004년 말에도 이와 유사한 비율을 지키려 할 것이다. 이 상황에서 시중 통화량이 증가하면 각 개인이 보유하고 있는 현금이 정상보다 많아져 현금 중 일정 부분을 다른 자산에 투자하게 된다. 그 결과 주식 보유 규모가 증가하고 주가도 상승한다. 이 같은 분석법을 '자산선택 접근법'이라고 한다.

채권·주식·부동산 등 다른 형태의 자산과 마찬가지로 통화도 부(富)의 일종이므로 이들 자산에 대한 수요는 전체 부의 크기 및 각 자산의 수익률과 위험에 따라 결정된다. 따라서 통화가 증가할 때 주식을 얼마나 수요하려 하느냐는 주식 이외에 채권·부동산·귀금속 등의 가격에 따라 달라진다.

반대로 통화량 증가가 주식시장에 부정적이라고 주장하는 쪽은 통화가 증가할 경우 기대 인플레이션과 명목 금리(= 실질금리 + 기대

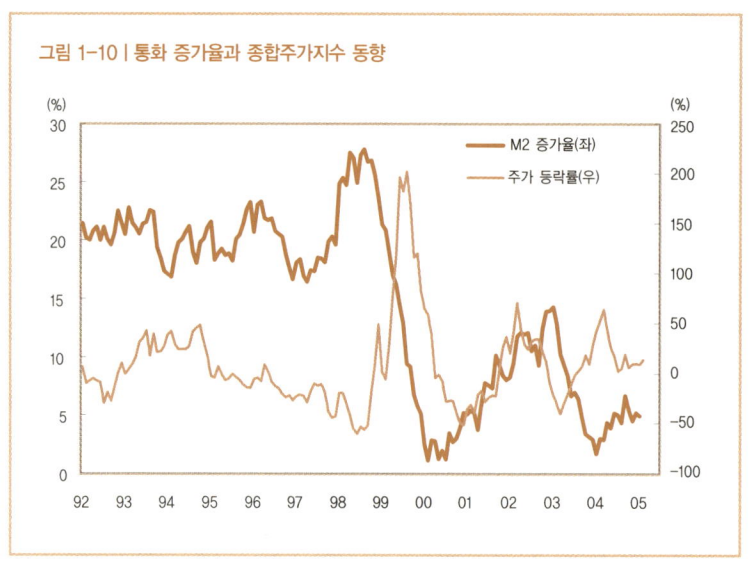

그림 1-10 | 통화 증가율과 종합주가지수 동향

자료 : 한국은행, 한화증권

 우리나라의 이자율과 주가

우리나라의 이자율은 1972년 동아제약이 처음으로 회사채를 발행한 이후, 1970년 말까지 20%대에서 움직였다. 1970년대의 성장률이 10%를 넘고, 물가상승률 역시 높았던 점이 이자율에 반영된 것이다.

이자율이 가장 높았던 시기는 1980년 중반이다. 1977년 시작된 중화학공업 육성 정책에 따라 기업의 자금 수요가 높아지고, 1979년 제2차 석유파동의 영향으로 물가가 급등했기 때문이다. 이후 5공화국 정부가 강력한 금리 인하 조치와 경제안정화 정책을 추진하자 금리가 급락하기 시작해 1980년대 중반까지 대체로 13%대에서 안정을 유지했다. 그러나 1980년대 중반 통화조절채 발행이 늘고, 1988년 3월에 총통화 증가율이 40%까지 급증했으며, 200만 호 건설 등 강력한 경기부양책이 동원되면서 물가가 두 자릿수로 상승해 1990년 금리가 한때 20%선까지 상승하기도 했다.

1991년 말부터 경제 안정과 함께 회사채 수익률이 하락하기 시작해 대체로 12%선을 중심으로 등락을 보였지만, 외환위기에서 파생된 신용 위기로 한때 30%까지 급등하기도 했다.

2004년에는 금리가 3%대까지 낮아질 정도로 저금리 체제가 확고해졌는데 여기엔 몇 가지 이유가 있다. 첫째, 외환위기 이후 기업의 투자가 줄었고 둘째, 기업의 투자 행태가 과거 부채 위주에서 내부 유보 자금 위주로 바뀌었으며 셋째, IT 버블 붕괴와 잇단 소비 부진에 따른 경기침체에서 벗어나기 위해 정부가 적극적인 통화 공급 정책을 폈기 때문이다.

우리나라 주가와 금리 움직임을 살펴보면 '금리가 상승하는 동안에는 주가가 하락하고, 금리가 하락하는 동안에는 주가가 상승' 한 경우가 대부분이다. 물론 1989년 8월, 1990년 3월 같이 금리가 하락함에도 불구하고 주가가 크게 떨어진 예외적인 때도 있었지만, 이는 해당 기간의 금리 하락 폭이 0.2%P에 지나지 않았고, 경기 둔화가 워낙 심해 금리 하락의 효과가 경기 둔화에 의해 상쇄되었기 때문이다.

인플레이션율)가 상승하는 점에 주목한다. 통화량 증가가 단기적으로 주가를 끌어올리겠지만, 시간이 지날수록 부담 요인이 커진다는 인식이다.

우리나라는 통화량이 증가할 때 주가가 상승하고, 통화량이 감소할 때 주가가 하락하는 관계를 보여왔다.

M2 증가율이 높은 1988~89년 4월까지의 주가는 63% 상승했고, 반대로 M3 증가율이 낮아지는 기간에는 주가가 하락했다. M3 증가율이 기조적으로 낮아진 1992년 9월 이후에도 증가율 둔화 폭이 적은 기간에 주가가 상승한 것으로 나타났다.

4. 물가

물가가 주식시장에 미치는 영향은 기업 이익과 정부 정책에 따라 달라진다. 제품에 대한 주문이 늘어나면, 기업은 이미 갖고 있던 재고를 이용해 주문을 맞춰준다. 제품 가격은 이때까지 큰 변동이 없다. 그러나 주문이 생산액을 따라가지 못하는 상태에서 재고마저 바닥나면 가격이 상승하기 시작한다. 물론 이때 원자재 가격도 올라가지만, 제품 가격 상승이 원자재 가격보다 빠르기 때문에 기업 이익이 증가한다.

그러나 물가가 빠르게 상승하면 주식시장이 약세로 돌아설 수 있다.

물가가 빠르게 상승할 경우 정부는 물가 상승을 억제하기 위해 금리 인상, 통화량 축소 등과 같은 정책을 취할 가능성이 높기 때문이다.

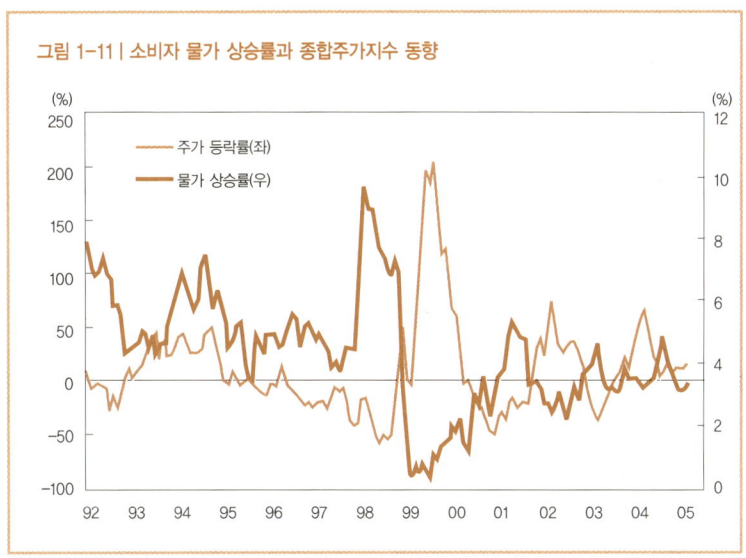

자료 : 한국은행, 한화증권

5. 부동산

대부분의 투자자가 부동산 가격과 주가가 반대로 움직인다고 생각하고 있다. 투자에 쓸 수 있는 돈이 한정되어 있는 상황에서 부동산 가격이 올라갈 경우, 주식시장에서 돈이 빠져 부동산시장으로 몰릴 것이기 때문이다. 그러나 현실은 이와 반대로 나타난다.

1975년 이후 부동산과 주가의 관계를 보면, 부동산이 주가보다 늦게 오를 뿐 두 변수의 방향은 대체로 일치했다. 다만 주식은 경기에 선행하는 반면 부동산은 후행하고, 주식은 적은 유동성으로 상승이 가능하지만, 부동산은 많은 자금을 필요하다는 차이 정도였다.

〈그림 1-12〉는 이 사실을 보여주는데, 주가가 크게 상승한 후 부

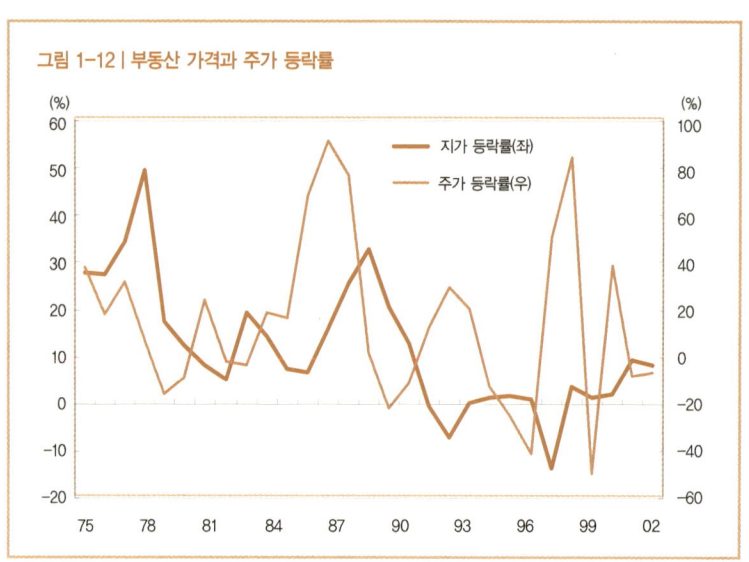

자료 : 통계청, 증권거래소

동산 가격이 뒤늦게 오르기 시작하고, 주가가 하락세로 돌아선 후에도 부동산 가격의 상승이 멈추지 않아 어떤 시점에 둘 사이에 관계가 엇갈리는 것처럼 보인다.

부동산이 주식시장에 미치는 영향과 관련해 중요한 또 한 부분이 정부 정책이다.

부동산 가격은 주식보다 정부 정책에 더 의존하고 있으며, 가끔 부동산 대책이 주가를 변동시키는 요인이 되기도 한다.

그러나 과거의 예를 살펴보면, 부동산 대책이 주가에 유의성 있는 변화를 주지 못했던 것이 사실이다. 1977~2002년까지 18번의 주요 부동산 가격 억제 대책 이후 주가 움직임을 살펴보자. 대책 발표 이후 1개월 동안 주가가 하락한 경우가 9번, 상승한 경우가 9번

표 1-3 | 정부의 부동산 대책 이후 주가 동향

일자	대책 내용	1개월	2개월	3개월	6개월
1977. 2. 14	국민주택청약부금제 실시	−0.06	−2.02	1.11	9.75
11. 8	주택상환사채발행제도 도입	3.48	2.53	4.68	12.52
12. 31	주택건설지정업자제도 도입	−0.92	1.15	2.72	12.46
1978. 2. 4	주택청약정기예금 실시	1.55	4.23	7.48	10.81
5. 10	주택공급에 관한 규칙 제정	3.38	3.24	3.09	−5.42
6. 26	전용면적 45평 이상 APT 건축 불허	−0.13	−0.28	−0.13	−5.63
8. 7	0순위 제도 도입	0.15	−6.98	−8.26	−20.75
8. 8	부동산 억제 대책(8·8 조치)	0.15	−6.98	−8.26	−20.75
1982. 12. 22	주택투기 억제 대책	−7.10	−3.14	−5.89	−3.82
1983. 2. 16	부동산투기 억제 대책	−2.83	5.24	1.90	−3.63
4. 11	목동 신시가지 개발(130만 평)	−3.17	−5.64	−3.69	−6.43
4. 30	아파트 채권 입찰제 도입	−3.27	−4.35	−4.63	−7.12
1987. 8. 3	투기우려 지역 실태 조사 착수	2.39	6.52	0.33	29.18
1988. 8. 10	부동산투기 억제 대책	2.67	7.12	0.83	30.27
1989. 2. 4	긴급 부동산투기 억제 대책	9.30	1.91	1.61	6.25
4. 27	수도권 신도시개발 계획	−0.28	−8.64	−4.25	−4.42
1990. 5. 8	부동산투기 억제 대책 (대기업 비업무용 부동산 강제 매각)	−9.76	−14.98	−23.94	−12.64
2002. 9. 14	부동산 대책	1.93	12.12	−2.92	−17.13

으로 균형을 이루었다. 이 같은 모습이 나타난 첫번재 이유는 주가가 대세 하락을 하는 동안 부동산 대책이 나오는 경우가 많았기 때문이다. 주식시장이 좋지 않으니 주가 하락에 따른 부정적 영향이 부동산 대책에 따른 긍정적인 효과를 상쇄한 것이다.

두번째는 앞에서 살펴본 바와 같이 부동산과 주식 사이에 대체되는 가격 관계가 성립하지 않기 때문이다.

6. 환율

환율은 여러 경로를 통해 주식시장에 영향을 미친다. 따라서 다른 지표처럼 한쪽 방향으로 해석할 수 없다.

원/달러 환율이 1,100원에서 1,200원으로 평가절하되는 경우를 생각해 보자.

수출만을 보면 원화 평가절하로 기업의 대외 경쟁력이 강화되어 주가에 긍정적이다. 그러나 원자재를 도입할 때 더 많은 돈이 들어가 기업의 비용이 증가하고, 수입 물가 상승으로 국내 금리가 상승하는 등 반대 영향이 나타날 수도 있다. 환차손도 고려해야 하는 부분이다. 우리나라 대부분 기업은 외화 자산보다 외화 부채를 많이 갖고 있다. 따라서 환율 상승기에는 환차손이 발생해 주가에 부정적이다.

환율 상승은 주식시장 수급에도 영향을 미친다. 원화 절상이 예상되면 외국인 투자자는 주가 외에 환율을 통해 부수적인 이익을 거둘 수 있기 때문에 매수를 늘린다. 반면 환율 절하가 예상되면 주식을 매도한다.

환율 변동이 주가에 미치는 영향을 실제로 분석해 보면, 일본을 비롯한 선진국은 환율과 주가 사이에 플러스 관계를 보였다. 환율 절하에 따른 긍정적 요인과 부정적 요인 중 대외 경쟁력 부분이 부정적 요인을 압도했기 때문이다. 우리는 선진국과 달리 원화 절하시 주가가 하락한다. 이는 수입 구조가 경직적이어서 환율 상승에 기초한 물가 압력이 크고, 주로 경기 둔화 및 경상수지가 악화되는 시기에 환율이 하락했기 때문이다.

 환율 절하가 우리나라 상장 기업의 이익에 미치는 영향

우리나라는 제조업 전체적으로 원/달러 환율이 10% 하락하면 경상이익률이 3%P가량 하락한다. 경상이익률의 변화에 직접적이면서 가장 큰 영향을 미치는 것은 수출 관련 매출 감소이다. 환율이 하락하면 제조업 전체 매출의 약 절반에 해당하는 수출 관련 매출이 줄어드는데, 이 효과가 수입 중간재 도입 비용의 감소 등 매출원가 개선보다 이익에 3배 이상 영향을 미친다. 외화 자산 및 외화 부채의 존재로 인해 지급이자 감소 및 외화 부채 감소 효과가 나타나지만, 그 크기는 경상이익률 하락을 소폭 개선하는 정도에 그친다.

업종별로 원/달러 환율 변화에 가장 큰 영향을 받는 것은 운수장비와 전자 분야이다. 이들 분야는 원/달러 환율이 10% 하락할 때 경상이익률이 각각 5.8%P와 4.6%P 하락하는 것으로 조사됐다. 이에 비해 철강은 하락 폭이 1.3%P에 불과하고, 정유와 음식료는 도리어 경상이익률이 각각 2.4%P와 0.5%P 상승하는 것으로 분석되었다. 환율 절상시 정유업의 이익이 증가하는 원인은 제품 제조원가 구성상 원재료의 비중이 높고, 수입원재료 투입 비중이 86%에 달해 환율이 하락할 경우 매출원가 절감 효과가 수출 매출액 감소 효과를 압도하기 때문이다.

환율에 가장 민감한 기업은 한국전력과 대한항공이다. 두 기업 모두 대규모 장비(발전소와 항공기) 도입을 외화 차입에 의존하며, 주요 원재료인 유연탄과 항공유를 수입에 의존하기 때문이다.

02 경제변수 영향에 대한 실증 분석

앞에서 여섯 가지 주요 경제변수가 주가에 미치는 영향을 살펴보았다. 그러나 현실은 앞의 분석과 다른 결과가 나타나는 경우가 종종 있다. 특정 시점에 주식시장에 가장 크게 영향을 미치는 변수가 있기 때문인데, 이 경우 다른 변수의 움직임이 사라진 것처럼 보이고, 시장의 관심은 한두 개 변수로 모아진다. 따라서 각 시점에 시장을 지배하는 변수가 무엇인지 파악하고, 이 변수가 앞으로 어떤 영향을 미칠지 판단하는 일이 중요하다.

실례로 1970~91년까지 경제성장률, 금리, 물가상승률, 부동산 가격 등 네 가지 변수를 택해 이들 변수가 복합적으로 움직일 때, 주가 양상을 비교해 보면 흥미로운 결과를 얻을 수 있다. 〈표 2-1〉이 그 결과를 보여주는데, 각 국면에 경제변수가 동일한 방향으로 움직

표 2-1 | 1970년 이후 경제변수와 주가 동향

일자	경제변수				기 간	주 가
	경기	금리	물가	부동산		
1	↑	↑	↑	↑	1978년 4월 ~ 78년 10월	→
2	↑	↑	↑	↓	1973년 7월 ~ 74년 8월	↓
3	↓	↑	↑	↑	1988년 7월 ~ 89년 7월	↑↓
					1990년 3월 ~ 91년 3월	↓
4	↓	↑	↑	↓	1974년 2월 ~ 78년 4월	↓
					1978년 11월 ~ 80년 6월	↓
5	↑	↑	↓	↑	1977년 11월 ~ 78년 4월	↑→
					1983년 4월 ~ 83년 12월	→
6	↑	↑	↓	↓	1984년 1월 ~ 84년 5월	↑
7	↓	↓	↑	↑	1970년 12월 ~ 71년 8월	↑
					1975년 1월 ~ 75년 7월	↑
					1988년 3월 ~ 88년 7월	↑
					1989년 9월 ~ 90년 3월	↓
8	↓	↑	↓	↑	1984년 6월 ~ 84년 12월	→
9	↓	↓	↑	↓	1975년 6월 ~ 75년 10월	↑
10	↑	↓	↑	↓	1980년 7월 ~ 80년 12월	↓
					1987년 6월 ~ 88년 2월	↑
11	↓	↓	↑	↑	1973년 7월 ~ 74년 1월	↓↑
					1975년 1월 ~ 75년 5월	↓↑
					1988년 3월 ~ 88년 7월	↑
					1989년 9월 ~ 90년 3월	↓
12	↓	↓	↑	↓	1970년 1월 ~ 70년 12월	↓↑
					1974년 7월 ~ 74년 12월	↓↑
13	↑	↓	↓	↑	1975년 11월 ~ 77년 10월	↑
					1982년 9월 ~ 83년 3월	→
14	↑	↓	↓	↓	1972년 1월 ~ 73년 6월	↑
					1981년 1월 ~ 81년 10월	↑↓
					1985년 12월 ~ 87년 5월	↑
15	↓	↓	↓	↓	1981년 11월 ~ 82년 8월	↓
					1985년 1월 ~ 85년 11월	→↑

이면 주가도 어느 정도 같은 방향으로 움직인다.

그러나 경기 하강-금리 하락과 같이 주가에 상반된 영향을 미치는 변수가 동시에 작용할 때에는 영향력이 큰 쪽이 주가의 방향을 결정했다. 또 경기 하강-금리 하락-물가 상승-부동산 가격 하락 같이 변수가 동일하게 움직인 네 번의 경우라도, 어떤 때에는 주가가 다른 세 번과 다른 방향으로 움직였다. 이는 경제변수의 방향성과 함께 주가와 시차 관계, 영향력 정도가 다르기 때문이다.

시장에 영향력이 큰 변수 선택

각 시점에 따라 주가를 결정하는 핵심 경제변수가 있을 경우, 이 변수를 골라내는 것이 투자 분석에서 중요한 과제이다. 그러나 아쉽게도 이 방법을 일률적으로 규정하는 것은 불가능하다. 경제변수가 끊임없이 변하고, 시장에 미치는 영향도 상황에 따라 달라지기 때문이다. 그러나 개념상 불가능에 가까운 것도 현실에서는 의외로 쉽게 해결될 수 있다.

우선 경기는 주가에 결정적인 영향을 미친다. 경기가 약간 둔화되거나 회복될 때에는 영향이 많지 않으나, 크게 악화되거나 호전되면 다른 어떤 변수보다 주가를 좌지우지한다. 대표적인 예가 1988~89년인데 이때는 3저에 따른 호황이 1988년 2월을 기점으로 약화되기 시작했다. 경기 둔화에도 불구하고 주식시장은 금리 자유화의 영향을 받아 1988년 11월부터 6개월 동안 60% 이상 상승했다. 그러나 경기 침체가 계속되자 1989년부터 주가가 떨어지기 시작해 3년 여에 걸쳐 하락 과정이 나타났다.

경기 이외에 주식시장에 영향을 미치는 변수는 각각의 시장 상황에 따른다. 어떤 시점이든 시장에서 많이 거론되는 변수가 있는데, 그것이 가격 변수든 실물 변수든 단기적으로 경제에 미치는 영향이 크기 때문에 주목받는 것이다.

〈그림 2-1〉은 1993년부터 1997년 외환위기 발생 시점까지 시장에 영향을 미쳤던 중심 변수를 살펴본 것이다. 투자 전략은 시장에 영향력이 큰 변수를 선택하고, 이들 변수의 예상을 통해 주식시장의 변화를 가정해 보는 데에서 출발한다.

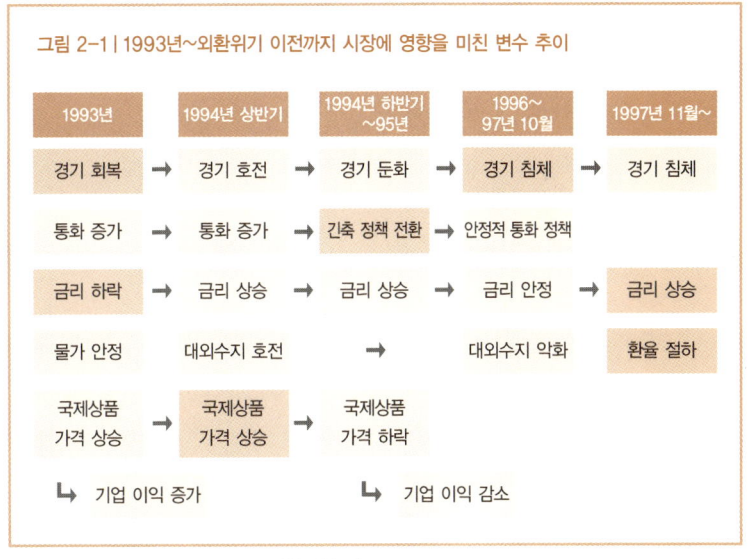

주 : 음영 부분은 시점별로 주식시장에 큰 영향을 미친 변수

경제변수에 따른 주가 영향 – 미국

경제변수가 주가에 미치는 영향은 지역과 시차에 차이가 있을 뿐 방향은 거의 동일하다. 먼저 미국의 경우를 살펴보자.

전미경제연구국(NBER)이 조사한 바에 따르면,

① 미국 주가는 경기 순환 변동을 5~9개월 정도 선행하며,
② 1873~74년까지 44번에 걸친 경기 전환점 중 75%에 해당하는 33번의 전환점과 주가 변동이 일치했다.
③ 경기불황을 'Mild', 'Average', 'Severe'로 나눌 경우 불황의 정도가 심할수록 주가 하락이 컸다.

통화량 변동과 관련해 주가가 통화량 변동에 선행해 움직인다는 연구가 많은데, 주가 상승 국면에는 통화 증가가 주가 상승에 2~3개월, 하강 국면에서는 약 9개월 정도 선행하는 것으로 나타났다. 또한 기준 통화 증가율 변화는 단기적으로 주가와 역의관계를 갖는데, 이는 기준 통화가 증가할 경우 FRB가 긴축 정책을 펴게 되고 이

표 2-2 | 미국의 인플레이션과 주가 변동

기 간	소비자물가 상승률	주가 등락률
1915~20년	100%	-30%
1921~29년	보합	504%
1930~48년	74%	보합
1950~65년	13%	523%
1966~83년	215%	30%

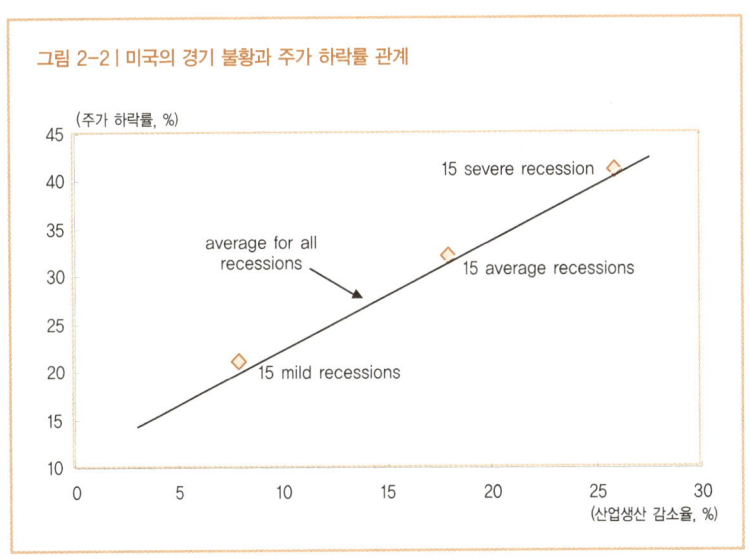

그림 2-2 | 미국의 경기 불황과 주가 하락률 관계

에 따른 금리 상승 우려가 작용하기 때문이다.

금리와 주가 사이에는 역관계가 분명히 나타나는데, 특히 금리가 정점에 도달할 경우 그때부터 주가가 바로 하락했다. 인플레는 물가가 안정세를 보였던 1950~65년까지 주가가 523%나 상승한 반면, 물가 상승기였던 1966~83년까지는 주가가 30% 상승에 그쳐 주가와 역관계가 있었음을 알 수 있다.

마지막으로 경제 규모 확대가 주가에 미친 영향을 보면, 장기적으로는 실물 GDP 증가율, 10~20년의 중기적 추이는 명목 GDP 증가율과 거의 같은 수준의 주가 상승이 이루어졌다. 즉 1930년 다우지수가 198에서 1984년 1,300까지 55년 동안 약 6.6배(연율 3.5%) 상승했는데, 같은 기간 실질 GDP 역시 3,060억 달러에서 1조 6,000억 달러로 5.23배(연율 3.1%) 증가했다.

표 2-3 | 미국의 경제지표와 금리 및 주가 관계

경제지표 동향	금융시장에 영향	금리	주가	평균 Zone
소비자물가 상승	인플레 상승	↑	↓	0.2~0.4%
내구소비재 증가	자금수요 증가	↑	↓	0.4~0.6%
주택착공건수 증가	자금수요 증가	↑	↓	-0.1~0.1%
광공업생산 저하	경기 둔화, 금융 완화	↓	↑	0.2~0.4%
재고 증가	경기 둔화, 금융 완화	↓	↑	0.2~0.4%
경기선행지수 상승	경기 확대, 금융 긴축	↑	↓	0.2~0.4%
개인소득 증가	소비수요 증가	↑	↓	0.6~0.8%
생산자물가 상승	인플레율 상승	↑	↓	0.3~0.5%
소매판매 증가	경기 확대, 금융 긴축	↑	↓	0.5~0.7%
실업률 증가	경기 둔화, 금융 완화	↓	↑	17~22만 명

주 : 평균 Zone은 전월비 변화율의 평균적 범위

그러나 중기적인 주가 상승률을 보면 1932~54년 주가 상승률은 명목 GDP 성장률 8.7%와 정확히 일치했으며, 1955~68년까지 13년 사이에도 주가 및 경제성장률이 일치했다. 이 같이 주가 상승률이 명목 GDP 증가율과 유사한 것은 소득분배율에 커다란 차이가 없기 때문이다.

경제변수에 따른 주가 영향 - 일본

경기 순환을 재고순환과 설비순환으로 나눌 경우 일본은 1954~85년까지 아홉 번의 재고순환 모두가 주가 변동과 정확히 일치했다.
통화량 변동과 주가 사이에도 밀접한 관계가 나타났다. 그러나 상

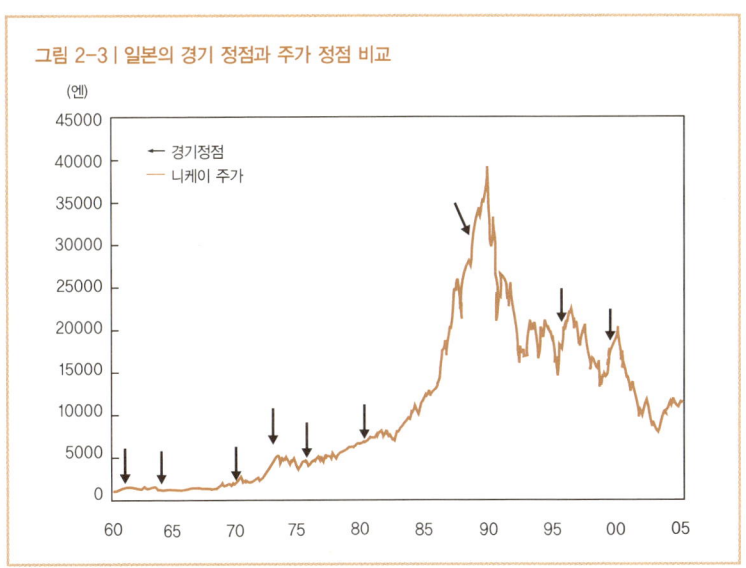

그림 2-3 | 일본의 경기 정점과 주가 정점 비교

자료 : 동경 증권거래소

관관계 강도는 시기에 따라 달랐는데, 1970년대 초반까지는 통화 공급의 미세한 변동에도 주가가 큰 폭으로 움직였지만, 1980년대 들어 통화 증가율이 10% 이하로 낮아지자, 주가가 통화량에 거의 반응하지 않거나 불규칙하게 움직였다.

금리 변동과 주가의 관계를 파악하기 위해 1966~84년까지 네 번의 금융 긴축과 완화 시기의 주가 움직임으로 살펴보면, 〈표 2-4〉와 같이 금융 완화기에는 주가가 평균 2배 상승한 반면, 금융 긴축기에는 주가가 하락했다. 통화 당국이 금리 정책을 어떻게 가져가느냐가 주가와 밀접한 상관관계가 있음을 알 수 있다. 그러나 전체적으로 금리와 주가 사이에 역관계가 있음에도 불구하고, 석유파동과 같은 경제 혼란기 또는 초저금리 상태 아래에서는 다수의

표 2-4 | 일본의 금리 변동과 주가

기 간	금융 정책	주가 상승률
1968~69년	금융 완화	219%
1969~70년	금융 긴축	-30%
1970~72년	금융 완화	230%
1973~74년	금융 긴축	-40%
1975~78년	금융 완화	194%
1979~80년	금융 긴축	-15%
1981~84년	금융 완화	186%

투자자가 금리 상승을 미리 예상해 움직이기 때문에, 금리와 주가가 동반 하락했다.

인플레이션이 주가에 미치는 영향은 미국과 별 차이가 없었다. 1968~83년까지 소비자물가 상승률, 기업 수익, 주가의 관계를 보면 고인플레이션 시기에는 주가와 기업 실적이 크게 둔화되어 '물가 상승 → 기업 수익 악화 → 주가 상승률 둔화'가 일관되게 나타났다.

경제 규모 증가와 주가의 관계는 1954~84년까지 30년 동안 니케이(NIKKEI) 주가가 35.7배(연율 12.6%) 상승하고, 명목 GDP는 1954

표 2-5 | 일본의 인플레이션과 주가 변동

기 간	소비자물가 상승률	경상이익 증가율	주가 등락률
1968~72년	26%(연율 6%)	84%	215%
1973~77년	81%(연율 13%)	-31%	-7%
1978~83년	30%(연율 5%)	93%	96%

년 7.8조 엔에서 1984년에 301조 엔까지 38.6배(연율 12.9%)가 증가해 양자가 비슷한 모습을 보였다.

경제변수에 따른 주가 영향 – 한국

우리나라도 경제 및 시장 변수가 주가에 미치는 영향은 미국·일본과 동일했다.

영향이 큰 변수는 실물 측면에서 경기동행지수 순환변동치와 경상수지였는데 이는 동행지수 순환변동치의 경우 경기의 수축, 확장을 잘 나타내주고, 경상수지는 해외 유동성의 유입을 결정하기 때문이다. 소비자물가 상승률은 주가와 뚜렷이 마이너스 관계를 보였는데, 이는 물가 상승률이 높을 경우 통화 정책이 긴축으로 선회하기 때문이다. 금리 변화와 어음 부도율 등 금융시장 상황을 나타내는 지표들은 주가와 역의관계였는데, 특히 금리가 주가와 높은 상관관계를 갖고 있는 것으로 분석되었다.

경기 수축기와 확장기에 각종 경제 및 금융변수와 주가의 관계를 보면 다음과 같다.

① 경기 확장기에 GDP와 경기동행지수, 산업생산 등은 주가와 매우 큰 플러스 관계를 가졌다. 설비투자 증가율도 경기 수축기나 확장기에 모두 마이너스 관계에 있지만 그 정도는 상대적으로 크게 떨어졌다. 이는 기업의 설비투자 증가가 기업 수익

증가와 주가 변동으로 연결되기까지 시차가 있기 때문이다.

② 통화량은 주가에 금리보다 높은 영향력을 보였다. 그 동안 우리나라 금융 정책이 이자율보다는 통화 총량 규제를 통해 이루어져, 통화량 변동이 직·간접으로 주가에 영향을 미쳤기 때문이다. 그러나 경기 수축기에 양 변수 사이에 상관관계가 현저히 줄었는데 이는 경기 수축기에 통화 증발이 기업 투자 증가와 수익 개선에 긍정적 영향을 미치기보다 물가 상승만을 초래하기 때문이다.

③ 인플레는 주가와 미약하게 마이너스 관계가 있었지만 경기 국면별로 플러스와 마이너스 부호가 엇갈렸다. 이는 미국이나 일본과 달리 우리나라 통화 당국이 물가 상승률을 중점적인 관리 지표로 사용하지 않았고, 만성적인 고인플레가 한동안 지속됐기 때문이다. 그러나 앞으로는 인플레가 주가에 미치는 영향은 계속 커질 것으로 전망된다. 경제가 안정적인 성장 국면에 진입함에 따라 적정 수준 이하로 인플레를 억제해야 하는 것이 정책 과제가 되었고, 금융시장 발달로 물가 상승이 금리 변동에 즉각적인 영향을 미치기 때문이다.

④ 금리와 어음 부도율은 주가와 명확한 역의 관계를 갖고 있다. 특히 금리는 시기별로 영향력이 다른데 경기 확장이 고점에 도달하는 시기와 경기 침체 말기에 영향력이 가장 컸다. 이는 경기가 고점에 도달하면, 경기 조절을 위해 통화 정책이 강력하게 시행되는 데다 향후 경기 위축에 대한 가능성이 겹치기 때문이다. 반대로 경기가 바닥을 칠 때에는 금융 완화 정책이

강력히 시행되고, 경기 회복에 대한 가능성이 더해져 금리 하락에 따른 주가 상승이 커진다.

금융시장의 환경 변화와 정부 정책

실물경기 못지않게 주가에 영향을 미치는 것이 금융 환경 변화이다. 일본 증권계의 유명한 애널리스트인 우라가미 구니오가 주식시장을 4개 국면으로 나눈 것도 실물경기와 함께 금융 환경 변화에 초점을 맞춘 것이다.

경기 침체가 심화되면 통화 당국은 금융 완화와 재정투자 확대를 통해 경기 회복을 도모한다. 또 기업은 투자를 줄이고, 개인은 미래의 불확실성에 대비하여 소비에 소극적이기 때문에 자연적으로 금융시장에 잉여 자금이 생기고 금리가 하락하게 된다. 이 단계에는 실물 경제가 여전히 극심한 침체를 벗어나지 못하지만, 잉여 유동성 때문에 주가가 점진적으로 상승한다.

반대로 경기가 호황을 지속할 경우 정부는 언제 발생할지 모를 인플레에 대비하여 긴축으로 선회한다. 기업은 주문량 폭주에 맞추기 위해 설비 투자를 확대해 자금수요가 늘어난다. 이에 따라 유동성 부족과 금리 상승이 나타나게 되므로, 주식시장은 실물 부문의 호전에도 불구하고 하락세로 전환한다.

금융시장 환경 변화는 중앙은행이 이끈다. 한국은행은 예상되는 물가 및 경제상승률을 고려해 적절하게 통화량을 조절하는데, 일단

통화 정책이 수립되면 상당기간 지속되기 때문에 기간 중 주식시장을 결정하는 요인이 된다.

지난 1990년 이후 한국은행의 통화 정책과 주가 움직임을 비교해 보면, 통화 정책이 주식시장에 미치는 영향을 알 수 있다. 1988년 11월 금리자유화 조치로 주식과 부동산 시장이 과열되자 한국은행은 1989년 3월부터 긴축으로 방향을 전환했다. 이 여파로 주가는 1989년 4월 1,007.7P를 기점으로 하락하기 시작했고, 6월에 통화 증가율을 18%에서 17%로 낮추는 정책을 시행함으로써 하락 속도가 더욱 빨라졌다. 금융 긴축이 완화되기 시작한 것은 1992년 말이었다. 새로운 정부가 들어서 신경제 100일 대책을 비롯해 잇달아 경제 대책을 발표하면서 통화 공급 확대와 금리 인하를 유도했다. 금융완화 정책과 경기 회복이 맞물리면서 주가가 1,140P까지 상승하는 국면으로 전환됐다.

통화 정책이 주가에 가장 큰 영향을 미친 것은 1998년이었다.

IMF와의 협정에 따라 연초 이후 본원통화 증가율을 -7%로 낮추는 긴축 정책을 시행했고, 금리 또한 30%대까지 올라감으로써 주가가 크게 하락했다. 그러나 1998년 하반기부터 경기 회복을 위해 통화 팽창 정책을 취한 후 주가가 오르기 시작해 8개월 만에 3배 이상 상승했다.

그럼 정부 금융 정책의 변화는 어떻게 예측할 수 있을까?

금융 정책의 최종 목표는 물가 안정과 경제 성장이다. 이를 달성하기 위한 중간 목표로 총통화와 이자율을 사용하는데, 물가 안정이 최종 목표라면 물가와 관련성이 큰 총통화를 주로 관리하고, 경기 및 경제 성장을 중요시할 경우에는 이자율을 통제하는 것이 일반적이다. 한국은행은 통화 정책의 최종 목표가 물가 안정이다 보니 물가와 연관성이 큰 총통화를 중심지표로 삼으며, 정부 부처는 경제 성장 쪽에 정책의 초점을 맞추기 때문에 이자율을 조절하려고 한다.

따라서 전체 경제 상황을 통해 정부 정책이 물가 안정에 초점을 맞추는지, 성장에 중점을 두는지를 판단해야 한다. 만일 정부가 물가 상승과 경기 조절을 위해 긴축을 강화한다면 주식시장 역시 상당 기간 약세를 지속할 수 있기 때문이다.

PART 2

7가지 종목별
투자 전략

현명한 투자자를 위한
7가지 종목별 투자 전략

시장에 영향을 주는 거시 지표에 대한 분석이 끝나면 종목 선택에 들어가야 한다.

투자자별로 부담할 수 있는 위험의 정도가 다르기 때문에 동일한 시세 예측을 놓고도 전략이 달라진다. 우리가 흔히 알고 있는 종목 투자 전략은 둘로 나뉜다.

하나는 소극적 투자 전략으로 대표적인 인덱스 펀드법(Index Fund)과 매입·보유 전략(Naive Buy and Holding Strategy)이다. 인덱스 펀드법은 시장 전체의 평균적인 수익률 정도만을 얻도록 종목을 구성하는 것으로서 가장 소극적인 운용 전략이다. 이 전략이 선호되는 이유는 인덱스 운용보다 성과가 더 나은 펀드가 드물다는 것과 관리가 편리하다는 점 때문이다. 매입·보유 전략은 우량주나 포트폴리오를 선택하고자 하는 의도 없이 무작위로 포트폴리오를 구성하며, 분산 투자의 종목 수를 증가시켜 시장 평균 수익률을 얻고자 하는 것이다. 부담해야 하는 위험은 보유하는 포트폴리오의 구성 종목 수에 따라 달라지는데 종목 수가 많아지면 시장이 가지고 있는 체계적인 위험만으로 줄어들게 된다.

문제는 일반 투자자들은 소극적 투자 전략을 구사하기 힘들다는 점이다. 소극적인 포트폴리오를 구성하기 위해서는 비용이 많이 들어가므로, 초과 수익을 얻고자 하는 투자 성향과 맞지 않다.
이런 필요에 따라 선호되는 것이 적극적인 투자 전략이다.
이는 기본적으로 시장이 비효율적이라고 판단하고, 초과 수익을 얻을 수 있는 주식을 찾아내어 초과 수익을 올리는 Market Beating 전략이다. 이 전략은 투자자가 시장 전체의 예측보다 정확하다는 가정에 근거하는 것으로서 수많은 종목에 분산 투자하는 대신 초과 수익이 가능해 보이는 소수 및 특정 종목에 집중 투자하는 특징을 갖는다.

제2부에서는 적극적 투자 전략을 소개한다.

최근 들어 우리 시장은 가치(value) 투자와 성장주 투자가 활성화되고 있으며, 금리가 떨어짐에 따라 배당과 관련한 투자가 주류를 이루는 등 과거와 변화된 양상이 나타나고 있다. 선진국 시장을 보더라도 1970년대 소극적인 인덱스 펀드에서 벗어나 내적인 특징에 따라 투자 종목을 분류하는 것이 일반화되어 있다. 앞으로 우리 시장도 이 같은 모습으로 변화할 것이다.

01 가치주 투자

　감(感)에 의한 투자를 포기하고 나서 가장 먼저 접하는 것이 가치투자이다.

　가치투자법은 기업의 이익 창출력과 영업을 위해 보유하고 있는 자산을 기준으로 주식의 내재 가치를 결정하고, 그 가치와 시장 가격을 비교하는 투자법이다. 투자에 관한 결정은 시장가치가 해당 기업이 갖고 있는 본질적인 가치보다 낮아졌을 때 사서, 둘 사이의 관계가 역전됐을 때 내다 파는 것을 기본으로 한다.

　어떤 주식이 과소, 또는 과대 평가되었는지를 판단하기 위해서는 경제 여건, 경기 순환에 민감한 기업의 이익 둔화 여부, 평가되지 않은 자산, 신기술과 혁신적인 마케팅 전략, 경영 변신 등에 기초한 새로운 시장 기회를 참고해야 한다.

왜 가치투자가 필요한가?

주가가 아무런 원칙 없이 움직이는 것처럼 보이지만 사실은 일정한 틀 내에서 움직인다. 이 틀을 가치투자의 고전 《현명한 투자자》에 나오는 말로 요약해 보면 다음과 같다.

- 주가는 심하게 변덕을 부리며 움직인다. 그레이엄이 주가를 결정하는 비인간적인 힘을 의인화한 미스터 마켓(Mr. Market)은 매일 나타나 금융 자산을 사고 판다. 그런데 그는 이상하게도 자신이 거래하고 싶은 가격과 관련된 모든 종류의 예측할 수 없는 상황 변동에 영향을 받는다.
- 금융 자산의 시장 가격이 변덕을 부리긴 하지만, 많은 금융 자산은 본질적인 경제 가치를 갖고 있다. 안정적이며 자제심 있는 투자자는 그 가치를 상당히 정확하게 평가할 수 있다. 달리 말하면 주식의 내재가치와 실제 주식시장에서 결정되는 주식의 시장 가격이 동일할 때도 있지만, 대개는 서로 차이가 난다.
- 시장 가격이 내재가치보다 크게 내려갔을 때에만 주식을 사는 전략은 결국 더 높은 수익을 가져다 줄 것이다.

위의 내용은 어떤 주식이든 본질적인 가치가 있고, 실제 주가는 본질적인 가치에 수렴한다는 의미다.

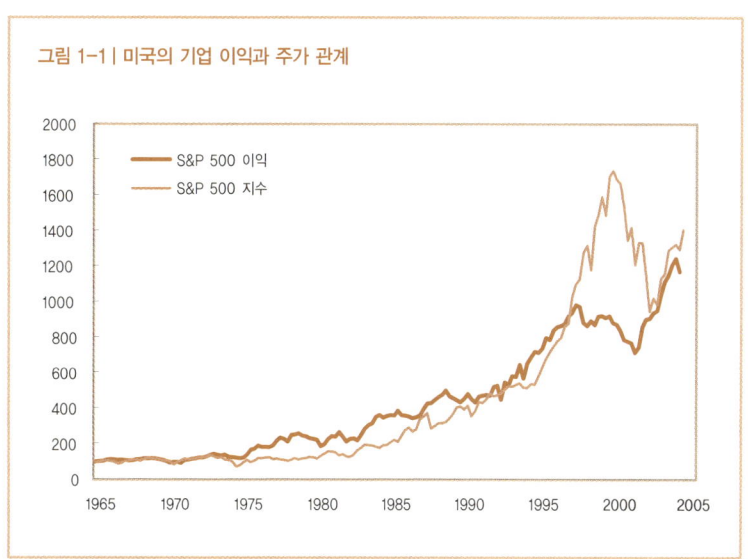

그림 1-1 | 미국의 기업 이익과 주가 관계

자료 : 한국은행, 한화증권

과연 그럴까?

하루 하루 등락을 거듭하는 주가를 보면 주식 가격이 본질적 가치를 지니고 있고, 주가가 본질적 가치를 중심으로 오르내린다는 점을 수긍할 수 없다. 그러나 미국 다우지수와 지수 소속 30개 사의 주당 순이익의 관계를 보면, 기업의 본질적 가치에 대해 어느 정도 믿음을 가질 수 있다. 지난 1960~95년까지의 기간 중 3분의 2에 해당하는 23년 동안 주가는 주당 순이익을 중심으로 등락을 거듭해, 주가가 좁은 PER 밴드 내에 머물렀다. 주식의 본질적 가치가 이익뿐 아니라 자산가치, 배당 등에 따라서 이루어진다는 점을 감안하면 여러 변수를 고려한 본질적 가치의 주가 설명력은 더욱 높아질 것이다.

결과의 옳고 그름을 통해서도 가치투자의 효율성을 검증할 수 있다.

미국의 경우를 살펴보자. 뉴욕 증권거래소에 상장되어 있는 주식을 주가순자산비율(price on bookvalue ratio, PBR : 주가를 주당 총자산으로 나눈 수치)이나 주가수익비율(price earning ratio, PER : 주가를 주당 순이익으로 나눈 수치) 등 몇 개의 집단으로 나누어 1년 동안의 수익률을 측정해 보면,

- 기업의 가치가 높다고 얘기할 수 있는 PER나 PBR가 낮은 주식은 1920년 이후 시장에 비해 1년에 연평균 3~5% 더 높은 수익을 올린 반면
- PER나 PBR가 높은 고가주로 구성된 포트폴리오는 실적이 좋지 못했다.

이를 통해 미국 시장에서 이익가치든, 자산가치든 상관없이 가치가 높은 주식에 투자하는 것이 장기적으로 높은 수익을 올리는 길임을 알 수 있다. 우리나라도 마찬가지이다.

현재 상장되어 있는 기업을 PER와 PBR 배수에 따라 4개 포트폴리오를 구성해 포트폴리오의 초과 수익률을 각각 1개월, 6개월, 12개월 간 누적한 주가 수익률을 12년 동안 비교해 보면 두 가지 사실을 파악할 수 있다.

첫째, PER · PBR 배수가 낮을수록 높은 투자수익률을 올렸다. 국내외 선행연구에서 일반적으로 인정받고 있는 저PER 효과, 저PBR 효과가 우리나라에서도 장기간 지속되고 있는 것이다.

둘째, 저PER 효과와 저PBR 효과는 발생 원인이 달랐다. '저PER

효과'는 PER가 기본값보다 커 과대평가된 포트폴리오에서 발견되었으며, '저PBR 효과'는 PBR가 기본값보다 작아 과소평가된 포트폴리오에서 발견되는 경향을 보였다.

내재가치 측정 방법

주식의 내재가치를 평가하는 방법으로는 자산가치 측정법, 이익가치 측정법, 성장가치 측정법 등이 있다.
 자산가치 측정법은 평가 기준일 현재 기업의 자산·부채를 기준으로 순자산을 산출하고, 그 순자산을 발행주식 총수로 나누어 기업가치를 산정하는 방식이다. 이때 순자산은 해석 방법에 따라 장부가 순자산과 시가 순자산 두 가지로 나눌 수 있다. 장부가 순자산은 대차대조표에 있는 자본을 그대로 순자산으로 보는 것이고, 시가 순자산은 기업이 소유하고 있는 자산을 일일이 다시 평가하여 순자산으로 삼는 것이다. 그런데 자산가치를 측정할 때 조심해야 할 부분이 있다.
 만일 A기업이 사양 길에 접어들어 앞으로 존속할 수 없다면, 그 회사의 자산은 현금화할 수 있는 자산이 얼마인지의 여부에 따라 평가되어야 한다. A기업이 속한 산업에만 사용하도록 특화된 자산일수록 대차대조표에 나타난 수치와 해당 자산을 처분할 때, 그것이 가져올 실제 현금과 차이가 커진다. 현금과 외상매출금은 제대로 된 가치평가를 받을 수 있지만, 시설이나 설비 같은 유형 고정자산은 고철 취급을 받을 것이다. 영업권 역시 가치를 인정받지 못한다.

반면 A기업이 정상적으로 성장하고 있는 산업에 속한다면 이 기업의 자산가치는 '재생산 비용(reproduction cost)', 즉 다른 경쟁 업체가 그것을 가장 효과적으로 대체하기 위해 지출해야 할 금액으로 평가해야 한다.

자산가치를 측정하기 위해 가장 많이 사용하는 지표가 PBR다. PBR는 기업이 얼마나 많은 자산을 갖고 있느냐를 보는 것이다. 따라서 지금 당장 영업을 그만두고 보유 자산을 처분할 경우 주주가 남은 재산 가운데 얼마를 받을 수 있느냐를 판단 기준으로 한다.

PBR를 구하기 위해서는 주당 순자산(book-value per share : BPS)을 이용한다.

주당 순자산은 기업의 순자산을 발행 주식수로 나눈 것인데, 일반적으로 기업 순자산은 자산에서 부채를 뺀 수치를 사용하지만, 좀더 정확한 가치를 구하기 위해 실질가치가 의문시되는 무형자산, 부도어음 등 회수 불능 채권을 자산에서 빼기도 한다.

주가순자산비율은 현재 주가가 주당 순자산의 몇 배인가를 나타내는 것으로서 다음과 같이 계산한다.

$$PBR = \frac{주가}{주당\ 순자산}$$

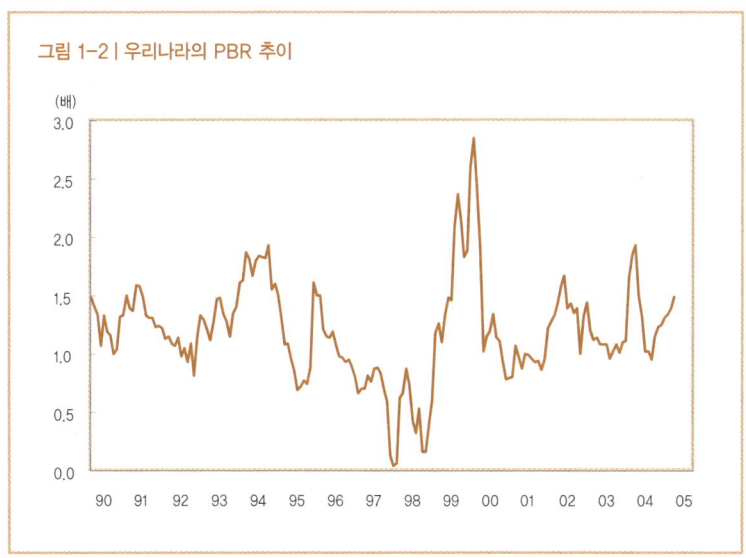

그림 1-2 | 우리나라의 PBR 추이

자료 : 증권거래소

자산가치 다음으로 믿을 수 있는 내재가치 척도가 수익가치 (earning power value : EPV)이다.

수익가치는 평가하려는 기업이 장차 벌어들일 것으로 생각되는 주당 배당 가능 이익의 흐름을 추정한 다음, 그 액수를 일정한 이율로 현가화(現價化)한 것이다. 이 방식은 기업의 자산·부채를 각각 평가해 산출하는 것이 아니라, 기업이 갖고 있는 인력, 상품 및 자금, 기술 등 모든 경영 자원을 사용하여 장래에 획득할 이익을 현재가치로 할인하는 방식이다. 그러나 장래의 수익을 추정하는 것이 그리 간단한 일이 아니며, 또 할인율을 몇 퍼센트로 결정할 것인가 하는 점도 모호해 실무적으로 적용이 쉽지 않다.

일반적으로 할인율은 기대수익률(market capitalization rate)을 사용하는데 기대수익률은 동업계의 평균 이익률, 해당 기업의 이익률 추이, 시장 금리 및 정기예금 이자율 등을 고려하여 결정한다.

한편, 수익가치는 평가 대상 기업이 속한 산업의 성숙도와 그 기업이 속해 있는 라이프 사이클에 따라 달라진다. 기본적으로 수익가치 방식은 해당 기업이 영업을 통해 얼마나 많은 이익을 올려 그것을 주주들에게 배당할 수 있느냐에 따라 기업의 가치가 결정되는 방식이다.

내재가치를 측정하는 지표

내재가치가 우량한 주식을 골라내기 위해서는 이를 선별하는 기준이 필요하다. 가치를 평가하기 위해 시장에서 많이 사용되는 지표로 주가수익비율, 주가순자산비율, 주가현금흐름비율(PCR), 주가매출액비율(PSR), 배당수익률 등이 있다.

1. 주가수익비율(price earning per ratio : PER)

주가수익비율은 현재 주가가 EPS(주당 순이익)의 몇 배인가를 나타내는 수치이다. 만일 PER가 8배라면 이는 시장에서 그 기업 주가를 EPS의 8배로 평가하고 있음을 의미한다. 따라서 PER는 수치가 낮을수록 좋다. 다른 여건을 고려하지 않을 때 어떤 기업의 PER가 6배일 때가 8배일 때보다 시장가치(주가)가 이익에 비해 낮게 평가되고 있어 주가가 상승할 가능성이 높다고 볼 수 있다.

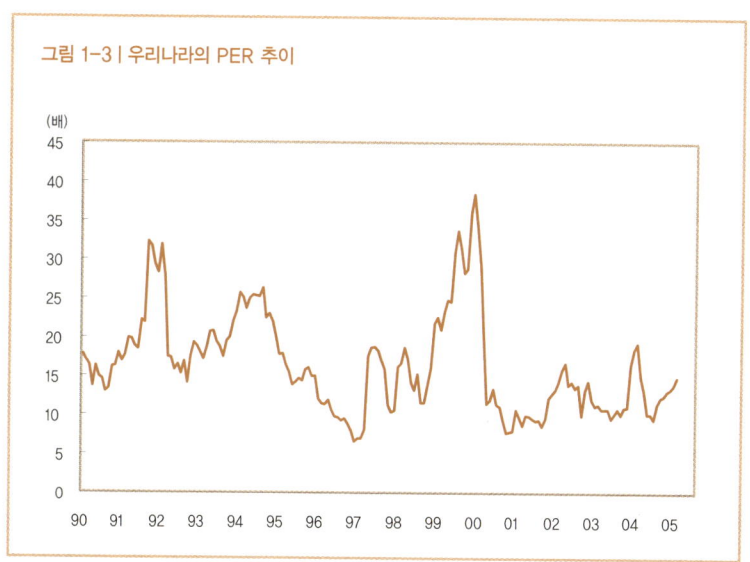

자료 : 증권거래소

2. 주가현금흐름비율(price to cash flow ratio : PCR)

과거에는 순이익이 가장 중요한 지표였다. 그러나 최근에는 기업의 경상적인 영업 능력에 주목해 순이익보다 영업 이익쪽으로 관심이 옮겨지고 있다.

현금흐름은 이 같은 영업 이익에 초점을 맞춘 투자 지표인데, 영업활동과 관련해 창출된 현금에 관심을 기울이는 것은 이 부분이 기업 생존의 원천이기 때문이다.

어떤 기업의 현금흐름을 측정하기 위해서는 보통주 1주에 귀속되는 영업활동으로 인한 현금흐름의 양을 나타내는 주당 현금흐름(영업활동으로 인한 현금흐름 - 우선주 배당금)을 측정해야 한다.

$$PBR = \frac{주가}{주당\ 현금흐름}$$

PCR는 보통주 주가가 1주당 현금흐름의 몇 배인지를 측정하는 지표이다. PCR가 낮다는 것은 주가가 자금 조달 능력이나 순수 영업 성과에 비해 낮게 평가되고 있다는 의미가 된다.

3. 배당수익률

배당은 기업이 일정기간 동안 영업활동을 벌여 발생한 이익 중 일부를 주주들에게 나눠주는 것을 말한다. 따라서 배당수익률은 투자액에 대한 배당이 어느 정도인가를 나타내는 비율이 되는데, 배당금을 현재 주가로 나눈 값이다.

배당에 대한 자세한 사항은 뒤에서 다시 기술한다.

가치주식 매매법

주가가 내재가치를 밑돌 경우, 현재가 주식을 투매하고 있는 때인지(Bargain Stock), 아니면 단순히 적정 가격 밑에 있는 것(Good Value Stocks)인지를 판단해 매매 속도를 조절해야 한다.

만일 현재가 주식을 투매하는 Bargain Stock 단계라면 이는 주가가 추세적으로 하락하는 장기 약세의 마지막 국면에서 주로 나타나고, 이 형태 이후 주가가 방향을 전환하는 경우가 많으므로 빨리 매수해야 한다. 유의할 점은 상승장에 여기에 해당하는 국면이 나타날 경우인데, 이는 해당 기업에 심각한 재무위험이 발생한 경우가 대부분이므로 투자를 피하는 것이 좋다. Bargain Stock 단계의 주가는 백화점이나 일반 상점에서 바겐세일을 할 때 판매 가격을 구매자가 결정하는 것과 같은 원리로 생각하면 된다. 바겐세일은 물건을 파는 쪽이 재고를 없애야 하거나, 갑자기 필요한 자금을 마련해야 하는 경우 열리므로, 원가 이상만 되면 판매 가격은 사는 사람이 많고 적음에 따라 유동적으로 변한다. 주식시장 역시 마찬가지이다. 주가는 적정한 가치를 꾸준히 찾아가려 하지만 외부적인 충격이나 투자 심리에 따라 적정 가치를 벗어나는 경우도 적지 않다. 이때가 주식이 바겐세일되는 경우인데, 일반적으로 어떤 기업의 시가총액이 그 기업의 순자산(자산-부채)보다 낮은 수준에서 거래될 때가 여기에 해당한다.

Bargain Stock을 좀더 정확히 정의하기 위해서는 두 가지 개념을 이해해야 한다.

첫째는 적정한 시가총액 규모이다. 시가총액이 지나치게 작을 경우 유동성에 제약이 있기 때문에 주가를 할인하는 것이 타당하다. 이는 앞의 바겐세일과 달리 정상적인 거래 형태인데, 원하는 때 원하는 가격으로 주식을 매각할 수 없으므로 그만큼의 약점을 주가에 반영하는 것이다.

둘째는 이익이다. 비록 현재 순자산가치가 시가총액보다 크더라도, 해당 기업이 적자에서 벗어나지 못한다면 시간이 지남에 따라 순자산가치가 시가총액을 밑돌 가능성이 있다. 시장은 이런 부분을 미리 반영하기 때문에 Bargain Stock으로 분류되기 위해서는 최소한 이익이 증가해야 한다.

우리나라에는 Bargain Stock을 분류하는 기준이 없다. 따라서 미국의 기준을 제시할 수밖에 없는데 다음과 같다.

> **미국의 Bargain Stock 조건**
> - 시가총액 < 순자산 가치(자산－부채)
> - 시가총액 > 250만 달러
> - 이익 > 0

Bargain Stock이 주식을 투매하는 단계에서 만들어진다면, Good Value Stocks 전략은 흔히 얘기하는 가치주 매매 형태이다. Good Value Stock은 재무적으로 우량하고, 이익이 꾸준히 증가하고 있지만, 현재의 성장성이나 이익에 대비해 주가가 낮은 주식을 말한다. 이런 주식은 보수적인 투자자들에게 적합한데 Good Value Stocks이 비교적 높은 배당수익률을 지니고 있기 때문이다.

어떤 주식이 Good Value Stocks에 들어갈 수 있는 조건은 일곱 가지로서 ① 재무상황 ② 이익 ③ 성장성 ④ 주당 순이익 ⑤ 주당 순자산 ⑥ 배당 ⑦ 기업규모 등이다. 미국의 경우 재무상황은 기업의 부채상환 능력을 감안해 (유동자산/유동부채) 비율이 최대 150%를 넘지 않아야 하고, 주가가 주당 순이익의 10배와 주당 순자산의 1.5배를 넘지 않아야 하며, 규모가 큰 대형 기업으로 그 기준을 제시하고 있다.

 Bargain Stock의 대표적인 예

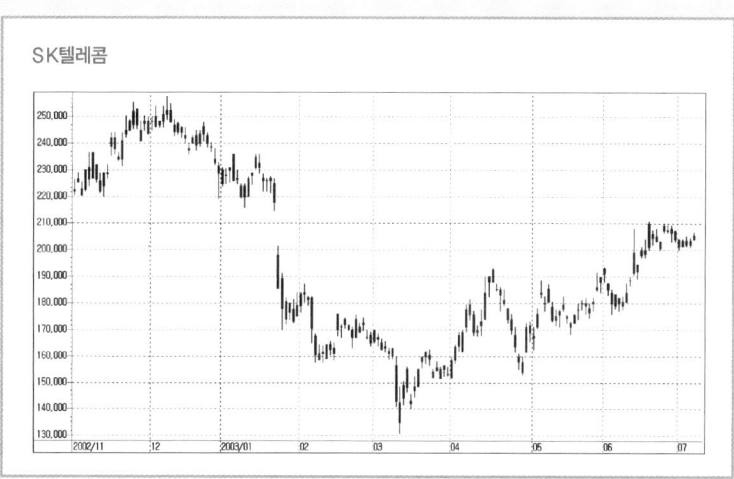

- 2003년 초 SK사태로 주가 급락
- 주가 하락 당시 기업 이익은 최고치 갱신
- SK사태가 진정되면서 주가 50% 급등

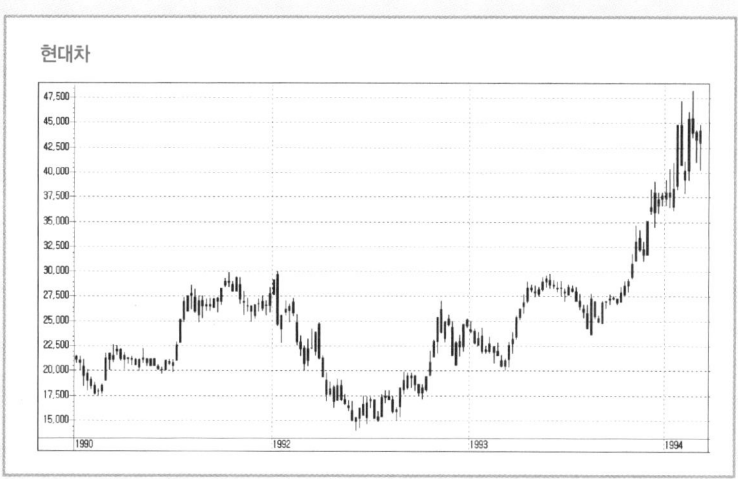

- 1992년 대선 참여로 주가 급락
- 1992년 당시 이익과 가동률 최고치 기록
- 대선 이후 주가 급등

Good Value Stock의 대표적인 예

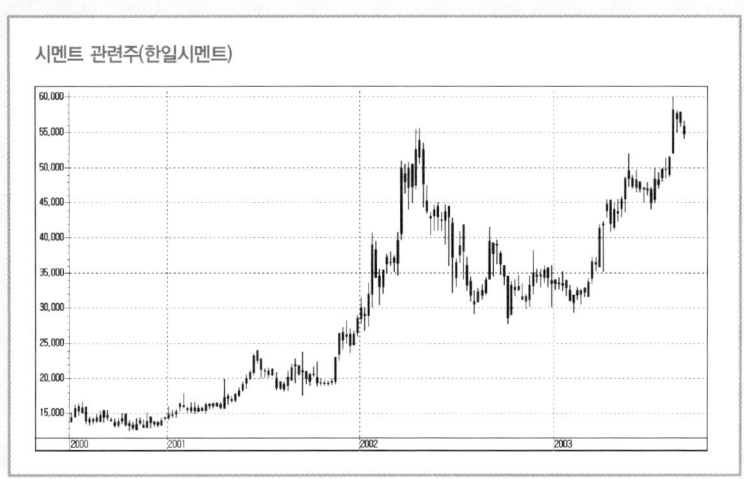

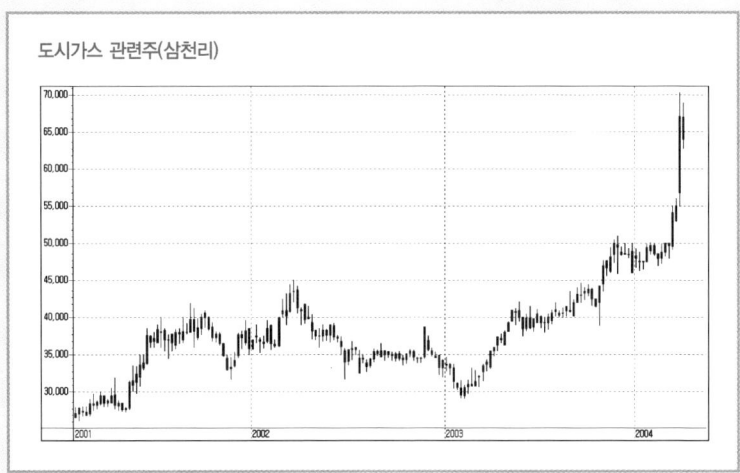

- 2002년까지 PER 2배 이하, 이익 증가율은 연간 10% 이상으로 큰 기복이 없음
- 2003년부터 기업 실적 대비 주가가 저평가되었다는 인식이 확산되면서 상승 지속

국내외 가치투자 사례

1. 존 템플턴(John Templeton)

바하마에 위치한 투자 관리회사 템플턴은 개방형과 폐쇄형 펀드를 포함 총 60개 이상의 펀드를 운용하고 있다. 동사의 운용 규모는 전세계 80만 명의 투자자를 대상으로 약 20억 달러 이상에 달한다.

템플턴은 1년 이상 장기적인 투자에서 뛰어난 성과를 보였다. 템플턴의 평균 보유기간은 4~5년에 이르며, 저평가된 주식을 매수해 장기간 보유하고 있다가 가치가 회복되었을 때 매도하는 것을 원칙으로 삼고 있다.

템플턴 성장주 펀드(Templeton Growth Fund)는 과거 50여 년 동안 다른 어떤 펀드보다 수익률 면에서 앞섰다. 1954년 펀드 설정 초기에 1만 달러를 투자해서 배당 및 시세차익을 재투자했을 경우, S&P 500에 비해 3배에 달하는 수익을 얻을 것으로 기대되었다.

템플턴 펀드는 과소평가된 상황을 파악하기 위해 100개 이상의 투자 지표를 이용하고 있다. 가장 일반적인 지표로 주가수익 비율, 주가대체가치 비율, 주가현금배당 비율, 주가순자산가치 비율이 있다. 템플턴의 펀드 운용자들은 투자 대상을 발견하기 위해 여러 가지를 이용한다. 그 중 다음과 같은 것들이 대표적이다.

주가수익 비율
- 주당 순이익의 현재 수준과 기대 성장률

- 가능한 한 주가수익 비율이 가장 낮은 주식으로 가장 높은 성장률을 시현할 수 있는 최적의 포트폴리오 구성
- 세전 순이익률 증가
- 이익률의 일관성. 지속적인 이익 성장은 긍정적 요인. 그러나 과도한 성장률은 장래에 좋지 않은 상황이 발생할 수 있는 가능성을 지니고 있음
- 기업 장기 계획의 타당성 여부
- 경쟁자의 실효성 수준
- 경쟁 기업 이외의 주요 도전 요인
- 유연성 유지의 중요성. 모든 사람은 잘못된 투자를 할 수 있음. 그러나 잘못 됐음을 알았을 때 손실을 줄일 수 있어야 함
- 손실을 최소화하기 위해 잘 분산된 포트폴리오를 보유하는 것이 중요

템플턴이 투자 기준을 정했다고 해서 이를 항상 고수하는 것은 아니다. 하나의 투자 기준은 시간이 지남에 따라 그 효과가 떨어지게 마련이다. 따라서 더 나은 투자수익을 얻을 수 있도록 투자분석 기법을 개선하고 있다.

그러한 기준에서 템플턴은 쉽게 낡지 않는 두 가지 투자 원칙을 제안하고 있다. 첫번째는 '호재·악재 원칙'으로서 기업의 성과나 기업에 대한 투자자의 인식에 영향을 미치는 단기 요인의 효과에 관심을 당부하고 있다. 두번째는 '신중한 분석 원칙'으로, 투자에 신중해야 하기 때문에 단견에 의존하는 투자는 평범한 성과 이상을 기

그림 1-4 | 템플턴의 철학을 대변하는 Annual Report

자료 : Templeton Ltd

그림 1-5 | 템플턴의 운용수익률

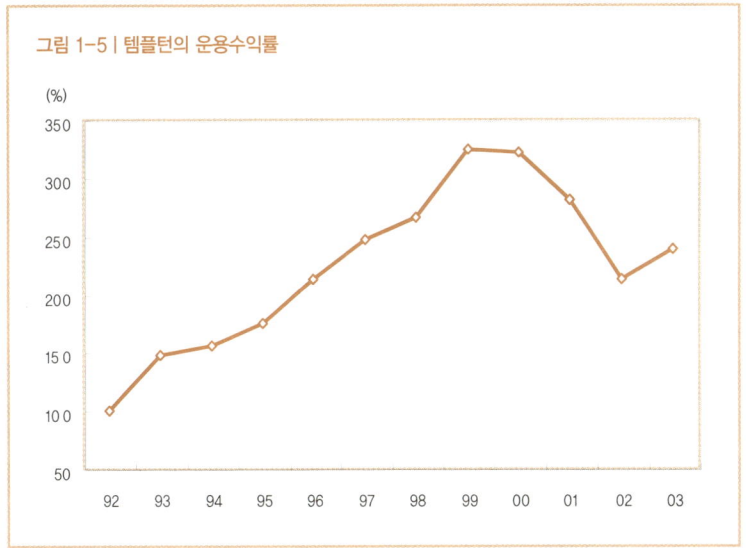

자료 : Templeton Ltd

PART 2 7가지 종목별 투자 전략 081

대할 수 없다는 사실을 강조한다.

2. 가치 지표를 이용한 데이비드 드레먼(David Dreman)의 가치투자법

드레먼 밸류 매니지먼트(Dreman Value Management)의 회장인 데이비드 드레먼은 저PER에 근거한 투자만으로 뛰어난 투자 성과를 거두었다. 드레먼 밸류 매니지먼트사는 1980년 이후 11년 동안 S&P 500 지수 상승률 15.2%보다 훨씬 높은 연평균 16.3%의 투자수익을 올렸다.

드레먼은 1965년 이후 모든 펀드 매니저의 80% 이상이 그러한 성과를 얻지 못했으며, 심지어 시장 수익률을 크게 밑돌기도 했다고 지적했다. 이러한 실패의 주요 원인은 많은 펀드 매니저들이 일관성 있는 투자 전략을 고수하지 못했다는 사실에서 기인한다.

이에 비해 저PER에 기초한 투자성과는 상당히 뛰어났다. 1968~77년까지 기간을 대상으로 규모별 상위 1,800개 기업의 투자성과를 측정한 결과 PER가 하위 10%에 속하는 주식들은 평균 241%의 수익을 얻은 반면, PER가 상위 10% 주식은 10%의 손실을 입은 것으로 나타났다. 같은 기간 S&P 500 지수로 대표되는 시장 평균 수익률은 55%에 불과했다.

드레먼은 PER에 의한 투자 전략을 저(低)장부가치 비율 분석과 40% 이하의 부채 비율로 그 대상을 확대했다. 장부가치 비율과 관련해서도 PER와 동일한 결과를 얻었고, 평균 이상의 배당수익률 기준은 주가 하락시 강한 하방 경직성을 부여해 준다는 사실을 발견했다.

3. 한국의 가치주 투자

우리나라에서 가치주의 투자 성과에 대한 연구는 많지 않다.

그 동안 가치주라는 개념이 생소했을 뿐 아니라, 주식관련 펀드의 만기가 짧아 긴 시간을 필요로 하는 가치주의 성과를 측정하는 일이 불가능했기 때문이다.

다만 앞의 데이비드 드레먼 류와 마찬가지로 PER가 낮은 주식이 장기간에 걸쳐 높은 이익을 거두었다는 분석은 많은 편이라, 장기적인 가치주의 성과를 의심할 정도는 아니다.

우리나라에서 가치주가 두드러지게 상승하는 것은 대세 상승이 임박한 시기이다. 대세 상승이 시작되면 가치보다 오히려 성장에 초점을 맞추는 투자가 성행했다. 그러나 그 전단계에는 공통적으로 가치 주식이 다른 주식보다 월등히 높은 수익을 올렸다.

먼저 우리나라에서 수익가치가 의미가 있었는지 살펴보자. 분석 방법은 드레먼과 같이 전체 상장사를 PER 중심으로 나눠 PER가 가장 낮은 그룹과 종합주가지수 사이의 월별 상승률을 비교하는 방법을 선택했다.

1992~93년 사이에는 1992년 4월까지 PER가 낮은 주식이 종합주가지수보다 훨씬 높은 수익률을 기록했다. 1992~93년은 주식시장이 약 3년 간의 침체에서 벗어나던 시기이다. 특히 1992년 1월 한 달 동안 저PER 주식의 시장 대비 초과 수익률이 40%에 달했다. 이는 1월에 우리 주식시장이 외국인에게 최초로 개방됐고, 외국인 매수가 저PER 주식에 몰린 특수 요인 때문이었다. 저PER 주식의 초과

그림 1-6 | 주가 상승기 이익가치 우량주 주가 추이

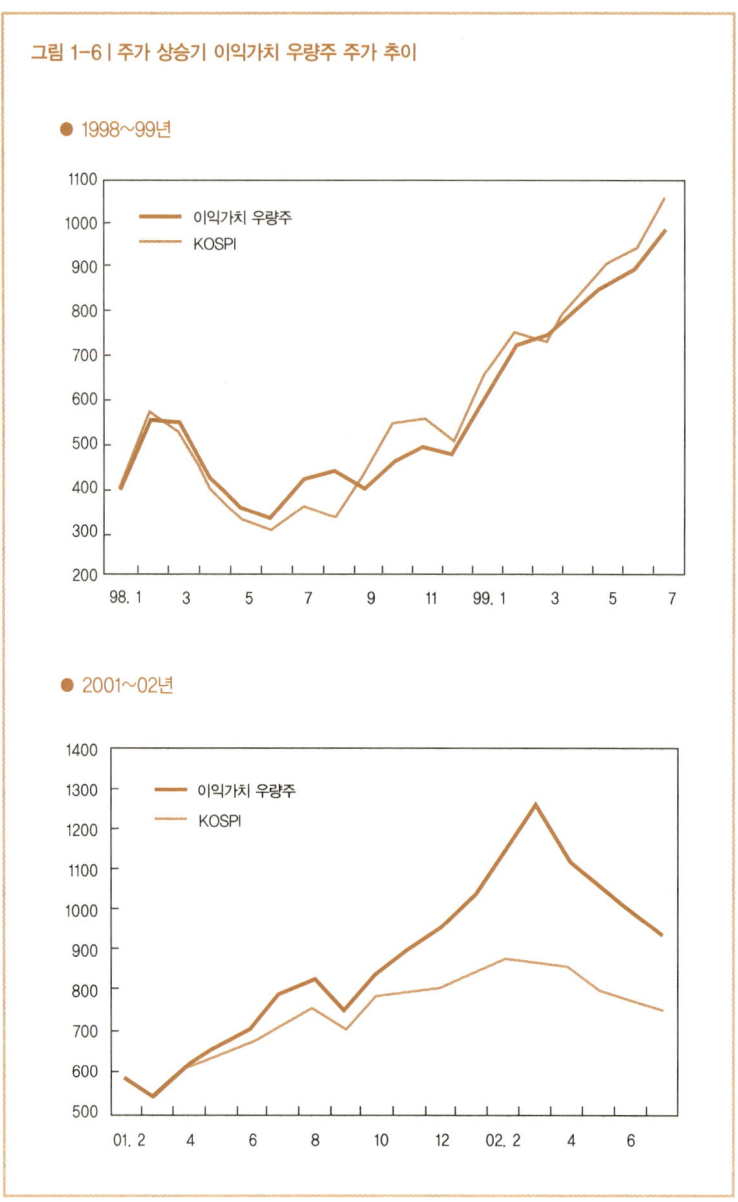

● 1998~99년

● 2001~02년

자료 : 증권거래소

수익은 4개월 만에 끝났는데, 1~4월까지 초과 수익이 워낙 커 영향력 상실 또한 빠르게 나타난 것으로 판단된다.

1998년은 1992년과 달리 PER가 낮은 주식의 초과 수익이 상당기간에 걸쳐 뚜렷이 나타나 대세 상승 직전인 1998년 9월까지 높은 상승을 이어갔다. 이처럼 저PER 주식의 초과 상승이 두드러지게 나타난 이유는 외환위기에 따른 경기 둔화로 투자 심리가 보수적으로 바뀌었기 때문이다.

자산가치가 높은 주식들도 대세 저점이 임박한 때에 종합주가지수 대비 초과 수익을 기록했다. 이런 점에서 보면 주가가 크게 하락하고 난 후에 이익이나 자산에 관계없이 기업의 본질적 가치와 주가 사이에 괴리를 메워가는 투자가 나타났음을 알 수 있다.

1992~93년의 경우, 이익가치가 높은 주식과 마찬가지로 자산가치가 높은 주식도 1992년 1월에 주가가 크게 상승한 후 5월까지 초과 상승을 유지했다. 기간 중 종합주가지수 대비 초과 수익률은 25.3%이다. 특이한 점은 대세 상승이 계속되던 1993년 말에 자산가치 우량주가 급등한 점인데, 당시 시장에서 자산주 테마가 형성됐던 특수 요인에 따른 것이다.

1998~99년은 대세 상승이 시작되기 2개월 전인 1998년 8월까지 자산가치 우량주의 초과 상승이 계속됐다. 기간 중 가치 우량주의 종합주가지수 대비 초과 수익률은 8.7%였다. 그러나 대세 상승 이후, 특히 1999년에는 자산가치 우량주가 종합주가지수에 크게 못 미쳤다. 이는 당시의 주가 상승이 블루칩 종목을 중심으로 이루어졌기 때문이다.

한국의 가치투자 성공 사례(1) : SK텔레콤

SK텔레콤은 1989년 한국이동통신이라는 이름으로 상장됐지만 그다지 주목을 받지 못했다. 1980년대 후반만 해도 이동통신이 투자자들에게 생소했고, 도입 초기여서 가입자가 많지 않았기 때문이다.

SK텔레콤이 주목받기 시작한 것은 1993년 말. SK텔레콤이 속해 있던 업종대표주를 중심으로 주식시장이 움직였고, 동사의 주당순이익이 처음 1만 원을 넘어섰기 때문이다. 이즈음이 투자자들이 본격적으로 SK텔레콤의 이익가치에 대해 눈을 뜨기 시작한 때다. SK텔레콤의 상승은 외환위기를 비롯한 시장 외적 요인에 따라 약화되기도 했지만 기본적인 추세를 유지했고, 1999~2000년 IT 주식 상승에 맞춰 10배가 넘는 대시세를 기록했다.

SK텔레콤이 뛰어난 상승을 기록한 요인은 다음과 같다.

첫째, 이익가치가 뛰어났다. EPS가 10년 만에 13배나 늘어 연평균 41%의 증가를 기록할 정도로 성장성이 높았다. 둘째, 경쟁자가 나서면서 시장이 확대되었다. SK텔레콤의 이익 성장이 투자자들의 주목을 받기 시작한 것은 PCS 사업자 선정을 전후해 이동통신 시장의 성장성이 알려지면서부터이다. 셋째, 업계에서 지배적 위치를 점했다. 동사는 신규 사업자 참여에도 불구하고 50% 이상 점유율을 유지하는 시장 지배자로서의 역할을 계속해 왔다.

자료 : 한국은행, 한화증권

한국의 가치투자 성공 사례(2) : 신세계

신세계는 자산가치와 이익가치를 모두 갖춘 기업으로 2002년 내수주 부각과 함께 본격적으로 주목을 받은 주식이다.

신세계의 자산가치는 두 가지이다. 우선 삼성그룹 주식으로 1조 원 이상의 주식을 보유하고 있고, 이마트 건립과 관련해 부동산을 낮은 가격에 확보, 경쟁사보다 우위에 있다. 이익가치는 새로운 업태에 빠르게 뛰어듦으로써 이익이 증가했다. 동사의 주당 순이익은 2000년에 4배, 2001년 2배 등 기하급수적으로 증가한다. 그 동안 선도해 투자했던 성과가 내수 소비 활성화와 함께 빠르게 빛을 보기 시작한 것이다.

동사가 본격적으로 투자자의 주목을 끈 것은 1993년이었다. 시장 테마가 자산주에 맞춰졌는데 동사가 보유한 부동산과 삼성그룹 주식의 가치에 투자자들이 처음 반응을 보인 것이다. 본격적인 상승은 2000년에 시작됐다. 내수 경기가 활황에 접어들면서 할인점들의 이익이 크게 증가했기 때문이다.

신세계 주가 추이

자료 : 한국은행, 한화증권

02 성장주 투자

흔히 가치주와 대립되는 개념으로 얘기되는 것이 성장주다. 가치주는 성장성은 떨어지지만 꾸준히 이익을 내고 배당을 많이 한다는 특징을 지니고 있다. 반면 성장주는 당장 발생하는 이익이 크지 않고, 배당도 별로 주지 않지만 성장성이 대단히 높다. 이익을 기준으로 주가를 평가해 보면 가치주는 이익에 대비해 주가가 낮은 반면, 성장주는 이익에 비해 주가 수준이 높은 것이 일반적이다.

성장주는 투자자들이 현재의 이익보다 미래에 발생할 이익 증가가 매우 클 것으로 예상하는 주식이어서 일반적으로 PER가 높다. 따라서 성장주 투자자는 현재 주가 수준이 과거에 비해 비싸다 할지라도 기업의 미래 성장성만 확실하다면 과감하게 투자하는 공격적인 투자자이다.

성장주와 가치주를 나누는 기준은 명확하지 않지만, 일반적으로 주가수익비율과 주가순자산비율로 구분한다. 이 두 수치가 각각 시장 평균보다 일정 수준 이하이면 가치주, 이상이면 성장주로 나누는 게 관례로 돼 있다.

성장주는 계속 변한다

성장주는 고착되어 있는 주식이 아니다. 시대에 따라 성장하는 산업이 다르기 때문에 어제 성장주 선두에 섰던 기업도 오늘은 그 대열에서 탈락할 수 있고, 그 빈자리를 다른 기업이 메우는 형태가 끊임없이 반복된다.

우리나라의 예를 살펴보자. 제1차 석유파동이 일어난 직후인 1975~78년까지의 기간 동안 최고의 성장주는 건설주였다. 중동 진출 붐이 불었고 그 중심에 건설업체들이 있었다. 주가는 3년 반 동안 30배 이상이 올랐고 60배 이상 상승한 종목도 많았다.

1979년에 건설주가 성장을 주도하던 시기가 끝난 후 주식시장은 6년여에 걸친 조정국면을 거친다. 이후 나타난 성장주는 전기전자와 자동차 주식이 이끌었다.

1970년에 1억 6,000만 달러에 불과했던 우리나라 전기전자 산업의 생산액이 1980년에 28억 5,200만 달러로 연평균 44%의 성장을 기록했다. 자동차도 마찬가지다. 1981년 2월 자동차 산업 합리화 조치로 차종별 생산이 전문화된 이후 기술 수준 향상과 국민소득 수준 향상으로 내수가 급격히 늘어나면서 성장 산업의 면모를 갖추어 갔다.

1987년부터 2년 동안의 성장 산업은 은행, 증권을 포함한 금융업종이었다. 실물 부문이 어느 정도 자리를 잡아감에 따라 상대적으로 낙후되었던 금융 부문을 키울 필요가 생겼고, 때 맞춰 자본시장 개방에 대한 일정이 제시됨으로써 성장 산업으로 자리잡았다.

성장주가 관심을 받는 이유는 단기에 높은 수익을 올리기 때문이다.

성장주와 가치주 주가를 장기간에 걸쳐 살펴보면 가치주의 상승률이 높았다. 반면 특정 시점만을 놓고 보면 성장주가 더 크게 오르는 것이 일반적이다. 이를 두 가지 예를 통해 살펴보자.

첫번째는 그레이엄과 도드가 사용한 방법이다. 1963~96년까지 미국 기업을 시가총액과 장부가치를 기준으로 나눠 주식의 연평균 복리 순위를 요약해 보면 가치주의 과거 수익률은 성장주의 수익률보다 높고, 특히 이러한 수익률의 우월성은 소형주일수록 확실하게 나타났다. 시가총액이 가장 작은 가치주의 수익률은 여러 분석기준 그룹 중에서 가장 높은 연 19.51%인 반면, 시가총액이 가장 작은 성장주들의 수익률은 연 6.67%로 분석 그룹 중에서 최하위를 기록했다. 기업체의 규모가 커질수록 이러한 가치주와 성장주의 수익률 차이가 점차 줄어들었는데, 시가총액이 가장 큰 그룹을 보면 가치주가 연 12.6%, 성장주가 10.2%였다.

이렇게 성장주의 수익률이 가치주 수익률보다 낮은 이유는 투자자가 수익이 빠르게 증가하고 있는 기업에 대해서 그 기업의 성장 잠재력에 높은 값을 지불하지만, 수익의 변동이 심한 부분만큼을 디

표 2-1 | 가치주와 성장주의 장기 수익률 비교

총 기 간		시가총액별				
		소형주	2	3	4	대형주
장부가 기준	가치주	19.51	16.66	16.76	16.01	12.60
	2	19.07	16.63	14.51	13.32	10.67
	3	16.44	14.55	12.89	10.21	9.65
	4	12.65	11.85	11.70	9.74	9.29
	성장주	6.67	7.62	9.60	9.71	10.18

스카운트하기 때문이다.

두번째는 Barra사의 기준에 따른 가치주와 성장주 상승률 비교이다. 1980년 이후 Barra사가 선정한 미국의 가치주와 성장주의 상승률을 보면, 23년 동안 가치주는 4.2배 상승한 반면, 성장주는 1.3배에 그쳤다. 장기적으로 가치주 주가가 성장주에 비해 월등히 높은 상승률을 기록했음을 알 수 있다. 그러나 특정 시점만을 보면 사정이 달라진다. 세계 주식시장에서 성장주에 대한 선호가 가장 높았던 1998~2000년 2월까지는 성장주가 1.8배 올랐으나 가치주는 1.2배 상승에 그쳤다. 세계적으로 IT 붐이 형성됐고, IT 붐이 성장주를 끌어올리는 원동력이 된 것이다.

이렇게 장기적으로는 가치주가 성장주보다 높은 수익을 올리지만, 특정 시점에 성장주가 뛰어난 성과를 보이기 때문에 둘 사이에 공존이 가능한 것이다.

저PBR이면서 저PER인 주식을 가치주라 하고, 고PBR이면서 고PER인 주식을 성장주라 할 때 가치주는 석유·전기·가스 등의 산

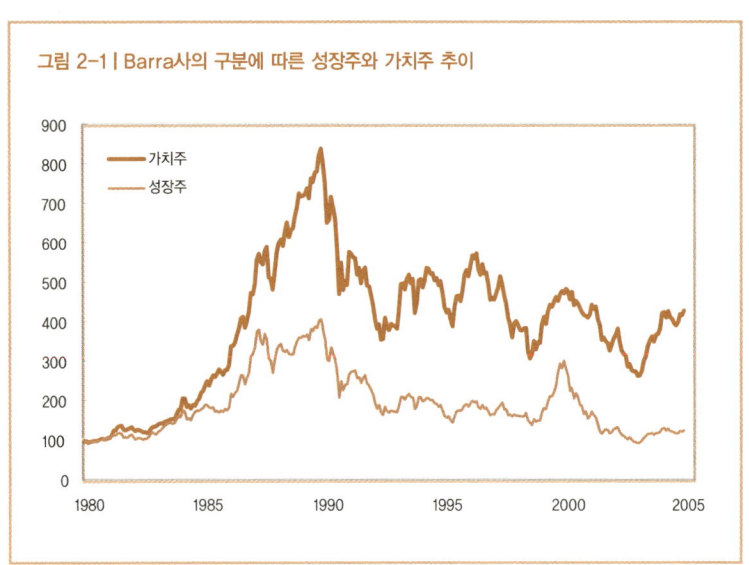

자료 : Datastream

업군에 집중되고, 성장주는 제약·통신·컴퓨터 등 첨단기술 산업에 집중되어 있다.

2002년 말 미국의 10대 대형 기업체 중 8개 업체(GE, 코카콜라, 마이크로소프트, 인텔, MERCK, 필립모리스, P&G, 월마트)가 가치주로 간주된 반면, 2개 업체(엑손, IBM)만이 성장주로 간주되었다.

성장주 투자 전략

성장주 투자 전략은 먼저 성장주 투자로 일세를 풍미했던 티로우 프라이스를 중심으로 살펴보도록 하자.

그는 가치주 투자에서 벤자민 그레이엄 다음으로 유명한 인물이지만, 성장주 투자 이론 또한 월가에서 모르는 사람이 없을 정도로 유명하다. 프라이스가 운영하는 펀드는 티로우 프라이스 어소시에트(T. Rowe, Price Associates)로서 운용 자산 규모가 60억 달러에 달한다. 성장 기업을 발굴해 장기 보유하고 성장이 멈추는 시점에 매도하는 것을 핵심으로 하는데 산업이나 기업의 라이프 사이클상 성장 초기 단계에서 매입해, 성숙기에 매도하는 투자 전략을 구사한다.

프라이스는 1965년까지 30년 간 성장주 투자 기법으로 일관해 왔는데, 미국에서는 그 때까지 프라이스 외에 경기 순환에 따라 이익이 신장해 가는 기업에 투자하는 성장주 투자 기법을 적용하는 회사가 없었다.

1965년 이후 그의 투자 방법은 '티로우 프라이스식 투자 기법'이라 불리고, 그의 선호 종목은 '티로우 프라이스 종목'이라고 불릴 만큼 유명해졌다.

티로우 프라이스의 투자 원칙과 기법을 살펴보면 다음과 같다.

첫째, 성장이 약속된 주식을 발굴해 장기적으로 보유하고 성장이 멈추면 매도하는 것을 투자의 기본 철학으로 한다. 이를 위해 1934년 발족한 성장주 펀드에 1,000달러를 투자하여 배당금을 재투자했다면 1972년에는 27만 달러가 되어 270배의 투자수익률을 올렸다는 예를 제시했다.

둘째, 성장 기업의 조건은 네 가지로서, ① 상품 개발력과 시장 개척력이 우수할 것 ② 격심한 경쟁 상태에 휘말려 있지 않을 것 ③ 정부 규제에 대해 비교적 자유로운 업종일 것 ④ 총인건비는 낮으나 개인당 임금 수준은 높을 것 등이다. 아울러 매출액 이익률이 높아지는 추세를 보이며 주당 순이익이 급증하고 자본 이익률이 10% 이상일 것을 제시했다.

셋째, 성장주를 발굴하기 위해 관심을 가진 지표는

① 판매량과 순이익, 그리고 자본이익률 등인데 이들이 함께 증가하는 업종 및 기업은 명실공히 성장주로 분류할 수 있다.

② 수익과 매출의 관계로 성장기가 끝나고 성숙기를 거쳐 쇠퇴기로 접어들면 수익이 매출보다 훨씬 빠른 속도로 감소한다. 따라서 최소한 이 기준에 들어가는 주식은 성장주에서 배제해야 한다.

③ 경기 침체시에도 매출 판매량과 순이익이 함께 증가하는 기업을 성장 기업으로 분류했다. 반대로 경기의 정점과 저점 사이를 오가며 순환 성장하는 기업은 성장 기업의 기준에 맞지 않는다고 보았다.

한편, 성장 기업이 쇠퇴할 때 나타나는 특징을 보면 우수한 경영자가 최악의 경영자로 교체되거나, 특출한 연구 개발력이나 신제품 개발이 쇠퇴할 경우, 특허·특허만료 또는 신발명에 따라 가치 상실이 이루어질 경우 등으로 분류했다.

프라이스가 제시한 성장주 매매 전략을 정리해 보면 아래와 같다.

1. 매입 전략

- 매입 목표치를 설정하고 분할 매수한다.
- 매입 목표를 설정하기 위해서는 과거의 이익 신장, 현재 시장이 인기가 냉각되어 있는 시점인가, 과거 2, 3회 주가순환에서 정점과 저점을 비교하여 저점시의 PER보다 3분의 1 정도 높은 가격인지를 고려한다. 성장주를 살 때 바닥에서 매수하기 힘들기 때문에 그 이전부터 분할 매수를 시작한다.

2. 매도 전략

- 강세 국면에서는 적정 주가 수준보다 30% 더 상승한 시점에서 주가가 10%씩 오를 때마다 10%씩 매도한다
- 장세 하강 국면 전환시 또는 보유 주식이 폭락의 징후를 보이거나 악재 발표 가능성이 있을 때 일괄 매각한다.
- 기업 이익 성장이 언제 멈출 것인가를 예측하기 위해서는 자본 이익률이 감소하고 있는지, 이익 감소가 경기 후퇴로 인한 일시적인 것인지 구조적으로 성장력을 상실한 것인지 판단해야 한다.

프라이스의 성장주 투자 기법의 핵심은 판매 물량, 매출액 이익률, 자기자본 이익률이 상승 중인 성장력 높은 산업 가운데 최우량 기업을 발굴하여 성장이 끝나는 시점에 매도하는 것이다. 그는 월가에서 현재 인기를 모으고 있는 '주식가치 평가 모델', 즉 장래 이익을 예측하는 방법에 대해서는 비관적이다. 왜냐하면 1년도 되기 전

에 새로운 상황이 전개될 가능성이 높은 상태에서 미래의 이익을 확실히 예측하는 것이 불가능하기 때문이다.

성장 기업을 결정짓는 요인

어떤 기업을 성장 기업으로 분류하기 위해서는 경쟁구도를 결정하는 다섯 가지 구조적 요인들을 살펴보아야 한다.

첫째 신규 진입 위험, 둘째 대체 위험, 셋째 구매자와의 교섭력, 넷째 공급자와의 교섭력, 다섯째 기존 업체 간의 경쟁 등이 여기에 해당한다.

고객·공급자·대체품·잠재 진입 가능자 모두 산업 내 기업에는 경쟁자가 되고, 환경 여하에 따라 다소 특출할 수도 있다. 이처럼 광범위한 의미에서의 경쟁은 '확대된 경쟁'으로 정의될 수 있다.

1. 진입 장애

산업 내 신규 진입은 신규 생산 능력을 확대시킨다. 따라서 제품 가격이 떨어지고 소요 비용이 증대되어 수익성 악화의 원인이 된다. 기존 업체가 시장점유율 확대를 기도하는 것은 외부로부터의 신규 진입이 없다 해도 진입으로 간주해야 한다.

산업 내의 진입 위협은 현존하는 진입 장벽과 진입자가 예상하는 기존 업체로부터의 반발이 어느 정도인가에 달려 있다. 만약 장벽이 높고 신규 진입시 기존 업체로부터 반발이 심할 경우에는 신규 진입이 쉽지 않을 것이다. 산업 내에서 경쟁은 독과점 상태일수록 기존 업체로부터 반발이 더 거세다. 이들 진입 장애 요인은 다음의 네 가지를 들 수 있다.

첫째, 규모의 경제 또는 대규모 자본 소요이다.

사업에 따라 규모의 경제가 적용되는 분야가 대단히 많다. 대규모일수록 단위당 비용이 감소한다. 철강, 자동차 등 중후 장대한 산업일수록 규모의 경제는 진입 장애의 주요 요인이 된다.

둘째, 생산품 차별화이다.

광고나 고객 서비스 또는 생산물의 차별화도 신규 진입의 장애 요인이 된다. 이는 상표의 인식을 통하여 고객에 대한 로열티 역할을 한다. 세계적으로 이러한 차별화 전략으로 성공한 기업이 많은데, 이탈리아의 의류 브랜드인 베네통, 미국의 코닥, 코카콜라, 일본의 조미료 회사인 아지노모도 등이 이런 기업에 해당한다.

셋째, 전환 비용 또는 철수 장애이다.

업종 전환에 불이익이 따르거나 비용이 많이 들면 신규 진입에 장애 요인이 된다. 업종을 전환하면 공급자·구매자 모두가 바뀌게 되어 새로 시작해야 하기 때문이다.

넷째, 분배 채널의 접근이다.

분배나 마케팅 채널의 확보가 기업의 판매 활동에 중요하다. 이러한 채널에의 접근이 어려울수록 신규 업체의 진입 장애 요인이 된다.

2. 기존 경쟁자 간의 경쟁 구도

신규 진입이 없더라도 기존 업체 간에 경쟁이 심해질 수 있다. 이 경쟁은 가격이나 광고, 고객 서비스나 품질 보증 강화 등 여러 가지 형태로 나타나게 된다. 이는 어느 한 기업이나 다수 경쟁자가 지위 개선을 찾거나 압력을 가해 경쟁이 심화되기 때문이다.

가격 경쟁은 업계 전체에 불안을 가져다 준다. 가격 인하시 경쟁사가 이에 도전적으로 대응할 경우, 산업 전체의 수요가 증대되지 않는 한 업계 전체의 수익이 감소한다.

3. 대체제로부터 압력

산업 내의 모든 기업은 어느 정도 대체품 또는 대체제와 경쟁하고 있다. 기업이 가격을 올려 이익을 크게 낼 수 있는 경우에도 대체품이 있으면 가격 인상이 곤란해진다.

설탕 제조업자들은 대체품인 과당 옥수수 시럽의 대량 상업화라는 도전에 직면하고, 합성 섬유와 인조견 제조업자들은 끊임없이 출현하는 대체 섬유 때문에 기업의 흥망을 겪기도 한다.

대체품 생산업자가 가장 주의를 기울여야 할 것은 기존 생산물이 이들 대체품의 가격과 영업 성과 면에서 상호 함수 관계를 가지고 있다는 점이다. 대체품 생산업자 입장에서는 대체품이 기존 제품보다 앞서는 사용상의 편리한 점이 있거나 가격이 월등히 저렴해야 한다.

4. 구매자의 교섭력

구매자들은 좀더 낮은 가격에 좋은 제품이나 서비스를 얻으려 하기 때문에 제조업자 간 경쟁을 유발하는데, 이는 결과적으로 제조업자의 수익성을 악화시키는 요인이 된다. 주요 구매자의 교섭력은 시장 여건에 따른 여러 가지 특성과 영업력에 따라 좌우된다.

우리나라의 성장주 투자 활성화 기간(1) : 1995~97년

1994년 11월에 주가의 대세 상승이 끝났다. 상승 기간 동안 시장을 주도한 것은 삼성전자, POSCO 등 대형주여서 주식시장은 자본금 규모에 따라 차별화되는 양상을 보였다. 주가가 큰 폭의 조정을 마친 1995년에 일부 중·소형주를 중심으로 주가가 오르기 시작했다. 처음 상승을 주도한 것은 환경 관련주. 당시 국제 환경 협정이 맺어진데다, 몇몇 기업이 매연 저감장치를 개발하고 있다는 재료가 주가에 반영된 것이다. 매연 저감장치의 효용성과 수익성이 검증되지 않은 상태였지만 앞으로 예상되는 성장성에 시장이 주목했고, 이 기대감은 주가 상승으로 연결됐다. 환경 관련주에서 시작된 주가 상승은 다양한 형태로 번져갔다. 상법상 기업 인수·합병에 관한 조항이 바뀐 것을 재료로 M&A 관련주가 강세를 보였고, 신약 개발을 재료로 제약주가 두각을 나타내기도 했다. 신기술·신물질이 중심이 된 1995년의 성장주 투자는 1997년 외환위기 직전까지 계속됐다. 주가가 빠르게 상승했던 성장주들은 하락도 빨랐다. 외환위기로 경기가 급랭하고, 다수의 상장 기업들이 도산하면서 성장성이라는 것은 대단한 위험을 내포하고 있다는 인식이 확신되어 불과 2개월 만에 80% 이상 하락을 기록하는 주식이 다수 출회하였다. 1995년부터 2년간 지속된 성장주 초강세는 기업내용보다 불분명한 성장성에 기초했다. 3년여에 걸친 주가 상승으로 기업 가치가 주가에 모두 반영됐기 때문에 추가적인 상승 재료를 찾아야 했고 그 재료로 성장성이 주목받은 것이다.

1996~97년 성장주의 대표주자 선도전기 주가 추이

자료 : 증권거래소

 우리나라의 성장주 투자 활성화 기간(2) : 1999~2000년

1999~2000년 성장주의 주역은 IT 관련주였다. 전세계적으로 IT 붐이 불었고, 때마침 인터넷이 광범위하게 보급됨으로써 붐을 더욱 부채질했다. 국내외에서 통신 및 컴퓨터 관련 기업의 이익이 크게 늘어났는데, 매해 이익 증가율이 30%를 넘었고, 매출 증가율 또한 두드러졌다. IT 버블의 시작은 전자상거래 관련주였다. 인터넷을 기반으로 하는 전자상거래가 처음 도입됐고, 새로운 업태에 대한 기대는 해당 기업에 과다한 성장성을 부여하는 형태로 나타났다. 전자상거래 관련주의 상승은 인터넷 포털 업체의 상승을 촉발했다. 새롬기술의 주가는 단기간 내에 80배 이상 급등했는데 상승의 기반이던 다이얼패드의 수익성에 대한 의문은 주가가 오르는 동안 사치에 지나지 않았다.

상승의 대미는 통신 관련주가 장식했다. IMT-2000이 조기 상용화될 계획이어서 통신 서비스의 혁명적 변화가 예상된다는 점이 부각되었다.

1999~2000년 당시 IT 관련주가 강세를 보인 이유는 인터넷의 등장이 과거 철도, TV 등과 같이 엄청난 변화와 성장을 초래할 것이라는 기대와, 저물가·고성장이라는 신경제를 이끈 토대가 사회 전반의 IT 투자에 있었다는 확고한 믿음이 뒷받침됐기 때문이다.

IT 버블이 붕괴되자 주가가 빠르게 하락했다. IT의 핵심이었던 나스닥 지수가 1년 만에 50% 이상 떨어졌고, 코스닥 역시 280P에서 80P까지 내려갔다.

자료 : 증권거래소

03 경기 관련주

 시의적절하게 주식을 매입·매도하기 위한 시점을 포착하기 위해 수년 간의 경제 동향과 경기 관련주의 움직임을 파악하는 것은 어려운 일이 아니다. 경제 뉴스가 끊임없이 신문의 머릿기사나 경제 관련 면을 채우고 있기 때문이다.
 경기 관련 산업과 주식은 전반적으로 경기 등락을 따라가는 경향이 있다. 경기가 활황 국면에 접어들면 경기 관련 산업이나 주식들도 상승세를 타지만, 경기가 하락세로 접어들면 다른 산업이나 주식보다 더 많은 영향을 받는다.

경기와 밀접하게 관련 있는 주식

경기 관련주는 말 그대로 경기와 밀접하게 관련 있는 주식이다. 소비재, 화학, 반도체 등의 주식이 대표적이다. 이들 주식은 다음과 같은 특징을 갖고 있다.

첫째는 기업 재고가 급격한 변동을 겪는다.

경기가 둔화되기 시작해도 경기 관련 기업은 활황기와 같은 생산을 계속 유지한다. 수요가 줄어들 조짐이 나타나도 경기 활황기에 확장한 생산 시설을 놀릴 수 없기 때문인데, 변동비만 나와도 생산을 하는 것이 유리하므로 '생산 증가-매출 감소'로 재고가 급격히 늘어난다. 기업은 생산에 따른 비용뿐 아니라, 제품을 유지하는 비용까지 지불해야 하므로 상당한 압박을 느낄 수밖에 없고, 이 단계가 되어야 생산을 줄인다. 반대로 경기가 회복 단계에 들어서도 생산이 급격히 늘지 않는다. 기업이 가지고 있던 재고를 우선 처분하려 들기 때문인데, 재고를 처분한 이후에야 생산이 본격적으로 늘어난다.

둘째는 경기가 나쁠 때 이익이 크게 줄고, 반대로 경기가 좋아지면 이익이 크게 증가한다.

소재 관련 기업은 대부분 중후 장대한 시설을 갖고 있는 경우가 많다. 생산을 중단함으로써 생기는 손실이 크기 때문에 경기가 아무리 나빠도 생산을 줄이는 경우가 많지 않다. 따라서 경기가 나쁠 때 상대적으로 손실이 많이 발생하고, 반대로 경기가 회복될 경우 제품 단가가 빠르게 상승해 이익이 증가한다.

소비 관련 기업은 다른 형태로 경기에 민감하게 반응한다. 경기가 나빠지면 소비자의 소득이 감소하므로 선택적인 소비를 할 수 있는 제품, 예컨대 의류나 PC 등의 소비가 우선적으로 감소한다. 반면 경기가 회복되어 소득이 늘어날 경우 수요가 증가하면서 기업 이익도 늘게 된다.

이렇게 볼 때 경기 관련주는 ① 대규모 시설을 갖춰 전체 비용에서 고정비가 차지하는 비중이 큰 산업이나, ② 영업 내용이 내구 소비와 관련된 업종, ③ 선택적인 소비재를 생산하는 산업으로 구성되는 것이 일반적이다.

경기 민감주의 특징

산업으로서 경기 민감주의 특징을 앞에서 살펴보았다. 그렇다면 주식으로 경기 민감주는 어떤 특징을 지니고 있을까?

첫째, 경기 민감주는 PER가 평균보다 높은 수준에서 주가가 상승을 시작하고, 반대로 PER가 낮은 수준으로 떨어지면서 상승을 마감한다.

이 같은 특징이 나타나는 이유는 경기 민감주가 다른 주식보다 이익의 변동이 크기 때문이다. 경기가 바닥에 있을 때 실제 발표되는 이익은 대단히 나쁘다. 이익이 대폭 감소함은 물론 어떤 회사는 적자가 발생하기도 한다. 물론 기업 이익이 줄어드는 동안 주가도 따라서 하락하지만, 이익 감소가 주가 하락보다 큰 것이 일반적이다.

또 기업 실적이 경기 회복보다 늦게 나타나고, 경기 민감주가 경기의 상승 전환을 미리 반영한다는 점도 주가가 상승하는 초기에 PER가 높아지는 요인이 된다. 주가 정점에서는 반대 현상이 나타난다. 주가는 경기 둔화를 예상해 하락하기 시작하지만, 이익 증가가 한동안 이어지기 때문에 PER가 낮아지고 가끔 사상 최저를 기록하기도 한다.

이런 특징 때문에 가끔 투자 판단에 혼선이 빚어진다. 주가가 상승하는 초기에는 PER가 지나치게 높아져 고평가에 대한 논란이 생기고, 이런 논란을 빌미로 주가가 조정에 들어가기도 한다. 고점에서도 마찬가지이다. 고점에서는 경기 민감주의 PER가 유례없이 낮아지는데, 이 상황에서도 주가가 계속 하락하기 때문에 저평가에 대

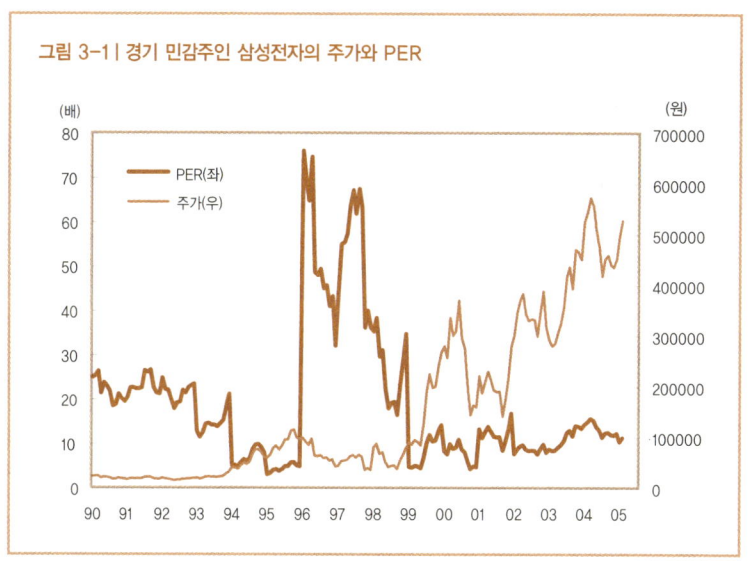

그림 3-1 | 경기 민감주인 삼성전자의 주가와 PER

자료 : 증권거래소

한 논란이 발생한다.

둘째, 매출액 증감에 따른 이익 변화가 매우 심하다.

경기 민감주는 대규모 설비를 갖춘 중후 장대한 산업인 경우가 많다. 이들은 경기 상황에 비탄력적이기 때문에 경기가 나빠져도 가동률을 낮추기 힘들다. 따라서 제품 가격이 변동비 밑으로 떨어지지 않는 한 제품 생산은 계속된다. 이 상태에서 매출액이 감소하면 대규모 재고가 발생할 수밖에 없고, 이익 또한 급격히 줄게 된다. 반대로 매출이 늘어도 경기 민감주는 늘어나는 매출에 맞춰 투자를 빠르게 늘일 수 없다. 따라서 제품 가격이 계속해서 상승해 변동비와 고정비를 합친 수준을 넘어가면 이익이 기하급수적으로 증가하게 된다.

경기 관련주의 투자 시기

경기 관련주에 대한 투자는 경기 회복 이전에 매수하고, 반대로 경기가 꺾이는 초기에 처분하는 것이 이상적이다. 다른 투자자들이 경기 관련주를 처분해 주가가 하락하고 있을 때, 인내심을 갖고 해당 주식을 매입한 후, 경기가 회복되어 경기 관련주의 가격이 이전 고점을 갱신할 때 처분해야 한다. 월가도 경기 관련 블루칩의 매수는 경기 후퇴가 중간 단계를 넘어선 시점부터 시작하라고 조언하고 있다.

경기 관련주 투자 전문가들은 경기 후퇴 마무리 단계의 징후로 두

가지를 들고 있다. 첫째는 시장이 중앙은행 총재에게 이자율을 더 낮추도록 압력을 넣는 것이고, 또 하나는 경제 전문가들이 현재의 경기 후퇴가 끝이 보이지 않는 이유를 늘어놓을 때이다.

우리나라에서 실무적으로 경기 관련주의 투자 시기를 판단할 때 많이 사용하는 지표를 꼽는다면 단연 산업활동 지표를 들 수 있다. 이 중 특히 산업생산이 유용한데 광업 · 제조업 및 전기업의 생산활동이 국내 경제활동 전체, 즉 국내 총생산에서 차지하는 비중이 매우 높을 뿐 아니라, 도매업 · 소매업 · 운수업 등을 비롯한 관련 산업에 미치는 효과가 크기 때문이다. 투자 시기는 산업생산 지표가 과거 최저치에 도달했거나 저점을 기록한 후 더 이상 낮아지지 않는 상태가 계속될 경우이다. 반대로 산업생산이 사상 최고치까지 높아지거나, 고점에 도달한 후 더 이상 높아지지 않는 상태가 계속되면 주식을 매도한다. 실례를 보면 1998년 7월에 동지표가 −7%를 기록, 사상 최저치까지 떨어졌고, 그 후 3개월 동안 바닥권에 머물러 있었다. 당시 주식시장은 외환위기 여파로 300P까지 하락했다. 10월부터 산업생산이 바닥을 탈피하기 시작했고 주가도 더불어 빠르게 상승했다. 하지만 고점에서는 반대이다. 2000년 2월 산업생산이 사상 최고치인 30%까지 상승했는데 주가는 이때를 기점으로 하락 반전했다.

경기 관련주에 투자할 때 정확한 바닥과 상투를 알아내는 것은 중요하지 않다. 사실 그것은 일부 예외적인 경우를 제외하고 가능하지도 않다. 그러므로 전략의 초점은 경기 국면에 맞게 포트폴리오를 구성하고 주식을 매수 · 매도하는 데 맞춰야 한다.

경기 관련주 투자의 핵심은 적절한 타이밍을 포착하고 경기 순환상의 하강 국면이 끝날 즈음에 우량주를 매입하는 데 있다. 산업 내에서 위치가 확고하고, 재무 상태가 건전하며, 경기 침체를 극복할 수 있는 유능한 경영진이 있는 기업이 아니라면 커다란 손실을 입을 수도 있다.

경기 순환주 투자시 필요한 자세

첫째, 경기 순환주는 경기동향에 따라 큰 폭의 등락을 거듭하므로 우선 경기 및 산업 추이와 관련한 사항을 철저히 숙지해야 한다.

생산성, 가동률, 재고 동향 등 각종 산업과 회사의 통계 자료를 살펴봄으로써 현재 해당 산업과 회사가 어떤 상태에 있고, 어떤 방향으로 진행될 것인가에 대한 느낌을 가져야 한다. 경제성장률, 생산증가율, 이자율 같은 경제지표들도 경제의 일반적인 방향에 대한 단서를 제공해 준다. 구체적인 수치에 지나치게 집착할 필요는 없지만 경기 방향에 대한 느낌은 갖고 있어야 한다.

둘째, 주가의 순환적인 움직임을 염두에 두어야 한다.

경기 순환주의 주가가 상승해 내재가치를 상회한 후 고점에 도달하면 떨어지게 되는데, 이때 적당한 이익을 남기고 관련 주식을 처분하는 것이 바람직하다. 이 부분이 쉽지 않다면 불경기 때 경기 둔화를 이겨내면서 남다른 모습을 보여준 회사에 투자했다가, 적당히 이익이 발생한 후 처분하는 전략도 추천할 만하다. 경기가 어려울

때 구조조정에 성공한 기업은 경기가 회복된 후 이익이 상당히 빠르게 개선되는 것이 보통인데, 눈여겨 볼 만한 지표는 매출액 총이익률이다.

셋째, 한발 앞선 투자 패턴이 필요하다.

경기 순환 관련주는 위축되었던 이익이 반등하기 시작하는 경기 회복기에 전형적으로 시장 수익률을 앞선다. 우리나라의 경우 이 기간이 짧으면 6개월, 길면 18개월 정도까지 지속된다.

미국의 경기 관련주 투자 사례

1. 자동차

1989~92년 초까지 이어진 경기 둔화로 1991년 미국의 자동차 주식은 8.5% 하락했다. 그러나 경기 회복 초기인 1992년 1/4분기에만 30%가 넘는 상승을 기록, 경기 관련주로서 특징을 유감없이 보여주었다. 이때 자동차 빅 3의 주가를 살펴보면 다임러크라이슬러(Daimler Chrysler)가 50%, 포드(Ford)와 제너럴모터스(General Motors)가 각각 30%가 넘는 상승을 기록했다. 해당 기업의 이익도 1991년이 바닥이었다. 다임러크라이슬러의 경우 1987년 5.7달러였던 주당 순이익이 1991년 2.74달러로 하락했다.

자동차 주식이 경기 회복 초기에 강세를 보인 것은 해당 기업 영업성과의 주기성과 함께 대외 경쟁력, 불황을 이기는 회사의 원가 구조 개선 등이 뒷받침되었기 때문이다.

2. 철강 및 비철금속

철강과 비철금속은 경기에 민감한 소재 주식이다. 특히 비철금속 중 아연과 동은 가격 움직임이 세계 경기 판단과 관련한 지표로 사용될 정도로 경기에 대한 노출도가 강하다.

철강과 비철금속 경기와 주가 관계를 세계 최대 알루미늄 생산 업체인 임코(IMCO)사를 통해 살펴보자. 동사 주가는 경기가 한창 안좋던 1990년에 4달러로 바닥을 친 후 1992년 14달러까지 올라갔다. 경기 회복 초기에 주가가 3배 이상 상승한 것이다. 이는 1991년 말~1992년 초에 경기 회복이 가시화되자, 알루미늄 캔에 대한 수요 증가로 가동률이 80%(1991년)에서 90%(1992년) 이상으로 올라갈 것이라는 전망을 미리 반영한 것이었다.

재무 지표는 양호한 상태가 계속됐다. 현금흐름이 꾸준히 증가해 설비투자에 소요되는 자금의 대부분을 내부에서 조달할 수 있었고, 장기 차입금 역시 1989년 50% 이상에서 1991년 말에는 36% 수준까지 떨어졌다.

3. 운송

운송 회사들은 경기가 침체 국면을 벗어나면 혜택을 입는다. 상품 수요가 증가하면서 선적이 늘어나고, 그것을 고정비로 충당하고 나면 운송회사의 이익이 기하급수적으로 늘어나는 경향이 있기 때문이다.

미국 서부 지역의 주요 운송사인 벌링턴 노던(Burlington Northern)을 통해 경기 관련주로서 운송사 주가의 특징을 살펴보자.

1980년대 말 경기 위축으로 이 회사의 이익은 1989년 주당 3.9달러에서 1991년에 2.12달러로 떨어졌다. 그러나 동사는 경영진과 종업원 축소를 내용으로 1991년 부실 요인 청산 작업에 들어가 고수익 실현의 길을 열었고, 1992년 초부터 배당금을 지급하기 시작했다. 1991년 1분기에 800만 달러, 주당 10센트의 손실을 기록했던 것에 비해 1992년 1분기 이익은 비경상 비용을 제외하고 6,200만 달러, 주당 71센트에 달했다.

경기 회복에 따른 비용 축소 구조를 보면 1991년에 톤/마일당 수익이 7% 증가한 반면, 톤/마일당 운용비는 10% 감소했다. 경기 호전이 가속화됨에 따라 톤/마일당 수익이 증가해 영업 호전의 밑거름이 된 것이다.

4. 화학

대표적 경기 관련주인 유니언 카바이드(Union Carbide)의 실적은 1990년 주당 2.19달러 이익에서 1991년 0.22달러 순손실을 기록하였다. 화학 산업은 과잉 설비가 가격 상승을 억제하는 작용을 하기 때문에 경기 사이클에서 탈출구를 찾는 데 오랜 시간이 걸린다. 그러나 경기 하락이 중반을 넘으면 기업들이 재고 관리에 들어가기 때문에 이익과 특히 주가가 빠르게 상승하는 것이 일반적이다. 유니언 카바이드 역시 1992년에 흑자 전환해 1993년에 주당 2달러의 순이익을 거두었고, 주가는 1991년 말 17.5달러에서 1992년 중반에 29달러까지 빠르게 상승했다.

5. 중소형주

산업 내에서 간판급 이외의 회사는 경기의 부침에 더욱 심하게 노출된다. 자동차 부품을 제공하는 기업을 예로 들어 살펴보면 이 사실을 쉽게 알 수 있다.

미국의 오이에이(OEA)는 에어백 점화장치를 생산하는 기업이다. 이 회사는 미국과 일본의 에어백 점화 시장에서 75%의 점유율을 기록했기 때문에, 1992년부터 시작된 경기와 자동차 판매 회복의 주요 수혜자로 인식되었다. 동사 에어백 제품 수요는 1991년 400만 개에서 경기가 활황기에 들어간 1996년에 2,500만 개로 증가했다.

우리나라의 경기 관련주 투자 사례

우리나라에서 경기 순환에 가장 민감한 주식은 화학 · 반도체 · 철강 · 제지 관련주다.

석유화학 산업은 업종 성격이 자본과 기술이 집약된 대규모 장치

산업으로 전기전자 · 자동차 · 섬유 등에 사용되는 기초 소재를 만들고 있다. 수급과 가격 추이를 보면 비록 진입장벽은 낮지만 워낙 대규모 장비를 필요로 하기 때문에 수요 증가시 빠르게 대응하기 힘들고, 가격이 떨어진다 해도 가동률을 낮출 수 없어 가격 변동 폭이 커진다. 따라서 제품 가격이 올라갈 때 다른 업종보다 빠르게 주가가 상승하고, 가격이 떨어질 때 더 심하게 하락한다.

지난 20년 간의 석유화학 산업 동향을 살펴보면 이 같은 점을 알 수 있다.

그 동안 석유화학 경기는 지역별로 큰 차이 없이 세계 경제와 연관되어, 경기 확장기였던 1983~88년까지 석유화학 산업 경기도 상승했다. 그러나 1989~93년까지 5년 간의 투자 증가 후유증으로 석유화학 경기가 위축되면서 주가도 하락했다. 공급 과잉에 시달리던 석유화학 경기가 회복된 시점은 1994년부터였다. 그러나 1년이 채 안 된 1995년 상반기에 회복이 멈췄고, 1997년 아시아 경제위기가 닥치자 심각한 침체에 빠졌다. 우리나라 석유화학주 역시 종합주가지수보다 등락이 컸다.

반도체도 경기에 따라 주가 변동이 큰 대표적인 경기 민감주이다.

2001년 삼성전자와 하이닉스의 반도체 부문 중 DRAM이 차지하는 비중은 각각 61%, 82%였다. 두 회사의 2001년 DRAM 생산량은 64M 기준 14억 6,000만 개로 추정되어 DRAM 가격이 1달러 변동할 때마다, 우리나라 경상수지가 15억 달러 정도 늘거나 감소하는 효과가 있을 정도였다.

이처럼 반도체가 경기에 따라 극심한 변동을 보이는 이유는 공정 라인 개당 2조 원이 소요되는 대규모 자본집약 산업이면서, 초기 투자부터 양산까지 18개월가량 소요되는 특성을 지니고 있기 때문이다. 자본 집적도가 높은 만큼 수급에 따른 가격 변화가 심해 공급 과잉일 때에는 반도체 가격이 크게 하락하고, 수요 초과시에는 가격이 급등한다. DRAM의 공급은 생산 능력과 가동률에 따라 결정되는데, 수급 불균형으로 시장 가격이 급락해도 반도체 업체는 제조 원가가 현금성 비용 이하로 내려가지 않는 한 가동률을 감소시키지 않는 것이 통례일 정도로 가격 변화에 따른 공급물량 조절이 쉽지 않다.

주가와 기업의 실적을 살펴보면 경기 순환 업종으로 반도체 산업의 특징을 유감없이 볼 수 있다. 삼성전자의 주가를 예로 들면

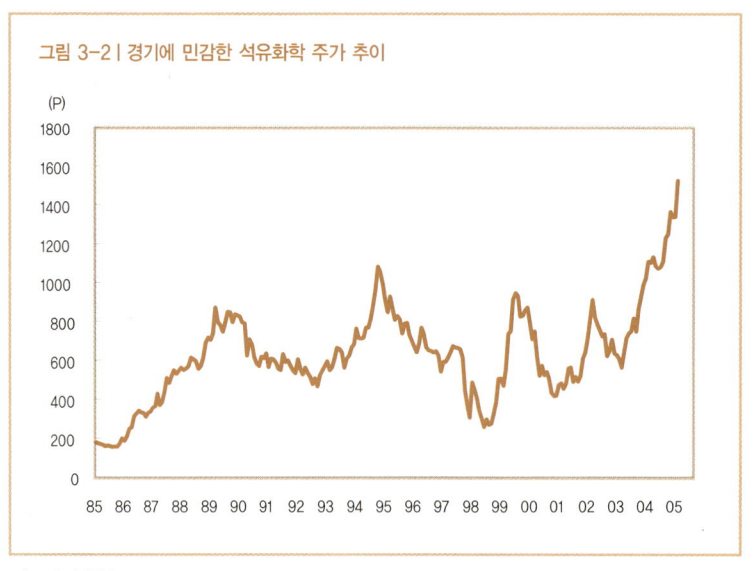

자료 : 증권거래소

그림 3-3 | 경기 민감주인 제지주 주가 추이

자료 : 증권거래소

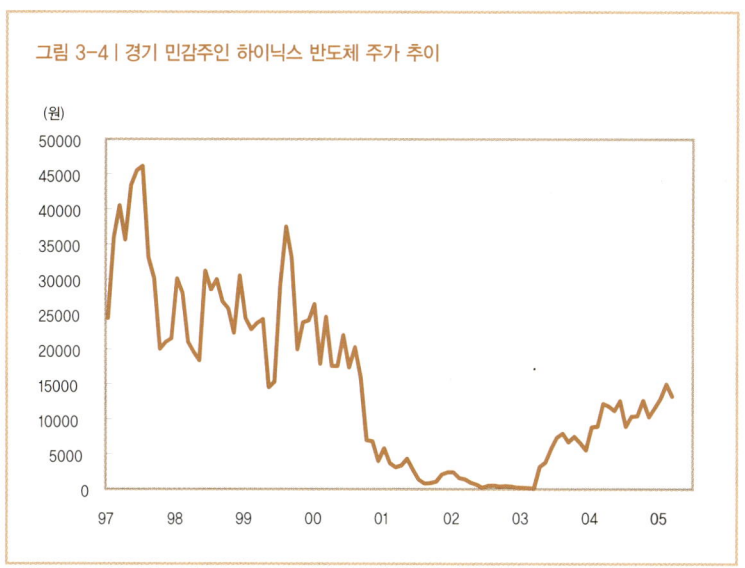

그림 3-4 | 경기 민감주인 하이닉스 반도체 주가 추이

자료 : 증권거래소

1993~95년 경기 호황시에 6배, 1998~2000년에는 7배가 올랐다. 이는 당시 종합주가지수보다 2배 이상 높은 상승률이다.

제지 역시 주가가 경기에 민감하게 움직인다. 지종에 따라 다르지만 제지 회사들은 평균 증설 단위가 500억~2,000억 원에 달할 정도로 시설 투자에 막대한 자금을 쏟아 붓는다. 따라서 수요 증가에 따라 증설 경쟁 → 공급 과잉 → 증설 억제라는 사이클이 반복되어 경기 변동에 민감한 반응을 보인다. 이 같은 순환은 대체로 경기 사이클인 4~5년을 주기로 나타난다.

경기 민감주로서 제지주의 특징은 국제 펄프 가격과 이익 진폭에서도 여실히 드러난다. 국제 펄프 가격은 경기가 좋을 때 톤당 1,000달러까지 올라가지만 경기가 나빠지면 300달러 수준까지 떨어진다. 제지 산업의 수익성을 나타내는 매출액 경상이익률도 호황일 때는 9%, 불황일 때는 -3% 사이에서 움직여 주가의 진폭이 큰 편이다.

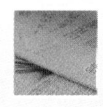

경기 관련주의 대표 – 삼성전자

반도체가 삼성전자의 주력 상품인 때 삼성전자는 경기 관련주를 대표했다. 반도체 가격이 경기에 따라 하늘과 땅을 오갔기 때문이다. 1993~95년의 예를 보자. 4M 반도체 하나의 가격이 8달러에서 출발해 40달러까지 치솟았다. 세계 경기 호황과 때 맞춰 출시된 '윈도우 95'의 영향 때문이었다. 반도체 가격 상승으로 삼성전자의 이익이 급증하기 시작했다. 삼성전자는 1994년 우리나라 기업으로는 처음 1조 원의 순이익을 거두었고, 대규모 이익은 1995년 상반기까지 이어졌다. 주가는 1994년 초 4만 원에서 11월에 15만 원까지 1년 사이에 4배 이상 상승했다. 그리고 1995년 전체 주식시장이 조정을 보임에도 불구하고 유일하게 올라가는 업종 대표주로 기록되었다. 삼성전자의 강세는 1996년에 반도체 가격이 급락하면서 막을 내렸다. 반도체가 공급 부족을 겪던 3년 동안 각 기업이 설비를 100% 이상 늘려 1996년 즈음에는 오히려 공급 초과 현상이 초래되었다.

4M 반도체 가격이 40달러에서 급락해 종국에는 2달러까지 떨어졌고, 삼성전자의 이익은 실질적으로 적자를 기록하는 상황까지 몰렸다. 주가는 1995년 18만 원을 고점으로 급락하기 시작해 1년 만에 4만 원까지 떨어졌다. 2000년도 마찬가지다. IT 버블 붕괴직전 36만 원에 이르던 주가가 불과 4개월 만에 15만 원까지 떨어졌다. 4조 원에 달하던 기업 이익도 30% 이상 감소했다. 제품 포트폴리오를 다양화했지만 당시까지 반도체가 여전히 높은 비중을 차지했던 데 따른 결과였다.

경기에 따라 급등락을 거듭한 삼성전자

자료 : 증권거래소

04 배당 투자

외환위기 전만 해도 배당은 우리 투자자들에게 관심의 대상이 아니었다. 연말에 일회성으로 스쳐가는 이벤트 정도였을 뿐이다.

배당이 이렇게 괄시를 받은 이유는 간단한데, 우선 배당수익률이 지나치게 낮았기 때문이다.

배당수익률이 연간 1% 정도밖에 되지 않아 성공적으로 배당을 확보했다 하더라도, 주가가 하락하면 그 효과가 금세 사라져버렸다. 배당 투자 이익이 자본 이득에 눌린 것이다. 금리도 배당 투자에 치명적이었다.

외환위기 전만 해도 연간 금리가 두 자릿수에 달하다 보니 은행에서 판매하는 상품도 10% 이상의 확정부 금리를 제시할 수 있었다. 이런 상황에서 1~2%의 배당수익률에 만족하는 투자자가 있을 리

없었다.

그러나 지금은 사정이 180도 달라졌다. 많은 투자자들이 배당에 신경을 써 연말에나 한 번쯤 주목받던 배당 관련주들이 이제는 연중 내내 관심의 대상이 되었다. 이런 변화가 생긴 이유는 두 가지이다.

첫째, 채권 관련 상품의 세후 수익률이 3%대에 머물러 배당의 매력이 상당히 높아졌다는 점이다. 종목에 따라 금리보다 훨씬 높은 배당을 주는 기업이 속출하고 있으며, 주가 상승시 자본 이득까지 얻을 수 있어, 최근 몇 년 동안 배당에 대한 관심이 부쩍 커진 것이다.

둘째, 배당에 임하는 기업의 태도가 달라졌다.

과거 우리 기업은 차입에 의존한 과잉 투자를 통해 성장해 왔다. 사정이 이렇다 보니 기업 입장에서는 배당을 할 수 있는 재원인 이익이 줄어들 수밖에 없고, 그나마 발생한 이익도 배당보다는 투자 재원으로 사용됐다. 그러나 최근에는 주주 중심의 경영이 정착된 데다, 기업의 내부 유보가 커져 배당에 더 많은 신경을 쓰고 있다.

배당 투자시 고려할 점

배당수익률은 액면가 배당수익률과 시가 배당수익률 두 가지가 있다. 액면가 배당수익률은 1주당 배당금을 액면 가격으로 나눠 계산한 것인데 주주총회에서 배당률로 발표하는 수치가 이에 해당한다. 시가 배당수익률은 1주당 수익률을 주가로 나누어 산출한다. 따라서 배당금이 많고 주가가 낮을수록 시가 배당수익률이 높아진다.

배당 투자를 할 때 가장 먼저 생각해야 할 부분이 배당수익률에 대한 예측이다.

몇 년 전까지만 해도 의제 배당(擬制 配當)이라 하여 연말에 배당 예정액을 거래소에서 공시했다. 실제 배당 지급액을 결정하기 위해서는 해당년도 영업이 모두 끝난 후 이익이 확정되어야 하는데, 이 때까지 시간이 걸리므로 지난해 배당금을 예상 배당금으로 발표한 것이다. 그러나 지금은 거래소와 코스닥 시장 모두에서 현금 배당락을 폐지했다. 배당락으로 인한 주가 하락을 회복해야 하는 부담이 사라진 것이다. 물론 기업의 배당금은 다음해 주총을 거쳐야 확정되지만 최근에는 주가 관리를 위해 배당률을 확정해 미리 발표하는 기업이 많아 예상 배당률을 알아보는 것이 어렵지 않은 일이 되었다.

두번째 점검해야 할 사항은 해당 기업의 실적이다. 연말에 배당 투자를 하기 전까지 1~3분기까지의 실적이 발표되므로, 이 누적치를 참고하면 투자 유망 종목의 윤곽을 대강이나마 짐작할 수 있다.

세번째는 주가 수준이다. 배당은 보통 액면가를 기준으로 발표하므로 배당률이 높더라도 주가가 비싸면 실제 배당수익률이 낮아진다. 액면가가 5,000원인 A와 B 두 종목의 배당률이 10%로 같지만, 주가는 20만 원과 5,000원으로 차이가 있다고 가정해 보자. 투자자가 100만 원을 A종목에 투자했을 때 배당 투자로 얻을 수 있는 수익은 2,500원에 불과하다. 그러나 주가가 5,000원인 B종목에 투자한다면 10만 원의 배당수익을 챙길 수 있다. 따라서 배당률이 같다면 주가가 낮은 종목에 투자하는 것이 유리하다. 이런 점에서 우선주는 훌륭한 배당 투자 대상이 된다. 우선주는 의결권에 제한을 받기 때문에 가격이 보통주 가격의 50~70% 내외에서 형성되지만, 배당은 보통주보다 높다.

네번째는 과거의 배당 성향이다.

아무리 실적이 좋은 기업이라도 배당을 하지 않는다면, 배당 투자에 관한 한 의미 없는 주식이 될 수밖에 없다. 대부분의 기업은 과거와 비슷한 수준의 배당을 유지하려는 경향이 강하기 때문에 과거 배당률을 참고하면, 올해 예상 배당률을 가늠해 볼 수 있다. 물론 과거에 배당을 많이 했더라도, 올해 기업 내에 특수한 사정이 생겨 배당을 줄이거나 실시하지 않을 수도 있는 위험은 남아 있다.

다섯번째 배당 투자 대상 종목이라도, 주가 전망은 반드시 고려해야 한다.

아무리 배당수익률이 높아도 주가가 배당수익률보다 더 하락하면 배당으로 얻은 수익이 의미가 없어진다. 그러나 고율의 배당을 실시할 기업이라면 실적이 호전된 경우가 많으므로, 주가 급락 가능성도 상대적으로 낮다는 것이 전문가들의 지적이다.

배당을 많이 하는 기업의 특징

LG경제연구원이 1991~2002년까지 우리나라 비금융 상장 기업 중 12월 결산법인 509개 기업을 대상으로 배당을 많이 주는 기업의 재무적 특징을 살펴본 결과 다음과 같은 결과를 얻었다.

첫째, 시설 투자나 관계회사 투자가 많은 기업일수록 현금 배당률이 높았다.

현금 배당을 많이 제공한 기업들의 평균 투자 비율은 6.7% (1991~2002년 평균)이었고, 배당을 적게한 기업들의 투자 비율은 2.8%였다. 상위 그룹의 투자 비율이 하위 그룹보다 2.4배나 높은 것이다.

시설 투자를 포함한 대부분의 투자는 장기간에 걸쳐 진행되고, 자금소요 규모가 많은 것이 일반적이다. 따라서 투자가 많은 기업일수록 현금 배당을 하기 보다 투자 자금을 비축하는 것을 선호하므로 투자 비율과 현금 배당은 음의 상관관계를 나타낼 것이라고 기대했지만 결과는 정반대였다. 이는 과거 국내 기업의 현금 배당이 투자 규모의 4.3%(1991~2002년 평균)에 불과할 정도로 미미했기 때문에 배당 결정이 투자의사 결정에 거의 영향을 받지 않았음을 시사한다. 오히려 시설 투자 등 과거에 투자가 많았던 기업은 미래에도 수익성이 높은 투자 대상이 많을 것으로 기대하고, 미래에 대한 긍정적인 전망을 바탕으로 현금 배당을 많이 지급한 것으로 보인다.

하지만 향후에는 현금 배당률과 투자 비율 간에 정의 상관관계가 나타나지 않을 것으로 예상된다. 외환위기 이후 기업의 설비 투자가 크게 줄었고, 기업의 자금조달 중 주식이나 내부유보 등 자기 자본의 비중이 커지면서 현금 배당금 규모가 늘고 있기 때문이다. 외환위기 이후 투자 대비 현금 배당금 비율은 3.7%(1998년) → 6.6%(2000년) → 22.4%(2002년)로 급격히 증가하고 있다.

둘째, 매출액 증가률이 높은 기업 일수록 현금 배당률이 높았다.

상위 그룹의 매출액 증가율은 12.7%였고 하위 그룹의 매출액 증가율은 8.7%였다. 상위 그룹의 매출액 증가율은 하위 그룹보다 5%P

나 더 높았다. 성장률이 높은 기업은 미래 전망을 밝게 전망하며, 현금 배당에 대해서도 자신감을 갖고 있는 것으로 볼 수 있다.

셋째, 수익성이 양호한 기업일수록 현금 배당률이 높았다.

배당금을 많이 주는 상위 그룹의 평균 자산 수익률은 11.3%(1991~2002년 평균)로, 하위 그룹의 평균 자산 수익률 6.2%보다 5.1%P 더 높았다. 또 상위 그룹의 현금흐름 비율은 7.0%로, 하위 그룹의 현금흐름 비율 1.8%보다 무려 2.9배 많은 5.2%P를 기록했다. 수익성이 높고 현금이 풍부한 기업일수록 채권자, 주주 등 투자자에게 투자에 상응하는 수익을 제공할 여력이 크기 때문이다.

넷째, 실적이 안정적인 기업일수록 현금 배당률이 높았다.

기업 실적이 안정적이라는 것은 경기 변동이나 새로운 기술의 도

표 4-1 | 현금 배당률과 기업 특성 (단위 :%)

	1 그룹	2 그룹	3 그룹	4 그룹	5 그룹	평균
현금 배당률 (현금 배당금/자기 자본)	2.6	1.8	1.0	0.3	0.0	1.0
투자비율(투자/자산 총계)	6.7	6.0	5.8	4.1	2.8	5.2
매출액 성장률	12.7	10.2	8.4	7.3	8.7	9.7
자산 수익률(영업 이익+감가상각비)/자산 총계	11.3	10.3	9.1	7.2	6.2	8.8
현금흐름 비율 (영업용 현금흐름/자산 총계)	7.0	5.6	4.4	3.0	1.8	4.3
이자보상 배율 (영업 이익/이자 비용)	1.9	1.4	1.3	1.0	0.6	1.3
차입금 비율(차입금/자산 총계)	16.3	25.6	26.7	28.4	32.9	25.7

자료 : LG경제연구원

입 등 다양한 경영 환경 변화에도 불구하고 이익의 변동 폭이 크지 않다는 것을 의미한다. 실적이 안정적인 기업은 다양한 사업 포트폴리오를 영위하거나 경쟁 강도가 상대적으로 치열하지 않은 것이 일반적이다. 이런 기업일수록 미래 위험에 대비해 자금을 비축할 필요가 없기 때문에 현금 배당의 여력이 높다.

배당가능 이익의 측정법

배당가능 이익은 상법상 배당가능 이익 한도를 계산하는 것인데, 상법에서 회사의 배당가능액은 다음과 같이 계산된다.

> 이익 배당 가능액＝대차대조표상 순자산액－(자본＋해당 결산기까지 적립된 자본준비금과 이익 준비금＋해당 결산기 적립해야 할 이익 준비금)

만일 이 규정을 위반하여 이익을 배당했다면 회사 채권자가 이의 반환을 회사에 청구할 수 있다. 또한 회사는 자본의 2분의 1에 달할 때까지 매결산기 금전에 따른 이익 배당액의 10분의 1 이상 금액을 결산기에 이익 준비금으로 적립해야 한다.

배당가능 이익을 계산하기 위해서는 우선 순자산액을 계상해야 하는데 순자산액은 자산에서 부채를 차감해서 계산되므로 자산과 부채에 대한 평가가 우선되어야 한다. 상법에서는 취득원가로 자산과 부채를 평가하도록 되어 있다. 이는 상법상 배당가능 이익 계산

제도가 자본충실의 원칙에 입각한 채권자 보호정신을 구현하기 때문이다. 하지만 기업회계 기준에서는 자산, 부채 중 시가의 변동이 크고 중요한 경우 시가로 평가하도록 규정하기 때문에 차이가 발생하게 된다.

한편, 자본은 발행 주식의 액면 총액을 의미하지만 기업회계 기준상 자본금과 동일하나 용어가 다르다. 자본 준비금은 기업회계 기준상 자본 잉여금과 같은 개념이며 주식 발행 초과금, 감자차익, 합병차익, 분할차익, 기타 자본거래에서 발생한 잉여금 등으로 구성된다. 여기에서 합병차익은 상법에서는 자본 잉여금으로 보지만 기업회계기준 상에서는 자산의 평가계정(부의 영업권)으로 보고 있다는 차이가 있다.

보유하고 있는 특정 자산의 가치가 변동된 경우 미실현 손익을 장부에 기록하도록 기업회계 기준에 정해져 있다. 하지만 배당가능 이익 산정시에 아직 실현되지 않은 이익은 제외되어야 한다는 것이 상법의 계산 제도 취지에 부합한다고 할 수 있다.

우리나라 상장 기업의 배당 성향

〈표 4-2〉는 우리나라 상장 기업의 배당 성향을 나타낸 것이다. 우리의 배당 성향은 연평균 1.7%로 일본의 0.7%와 비교하면 높지만 미국의 2.4%에 비해서는 낮았다. 배당수익률과 공금리(정기예금 이자율 사용) 비율은 일본에 비해 낮아 우리 배당수익률이 그다지 매력적이

표 4-2 | 우리나라 상장 기업의 배당 관련 지표

연 도	자본비용 (%)	투하자본 수익률 (%)	자기자본 비용 (%)	자기자본 이익률 (%)	타인자본 비용 (%)	당기 순이익 (억 원)	현금 배당금 총액 (억 원)	시가총액 (조 원)
1992	13.0	10.2	18.6	6.6	9.7	4.6	0.8	84.7
1993	11.8	10.7	15.5	5.6	9.0	4.5	0.9	112.6
1994	11.9	9.9	15.5	7.8	8.9	7.5	1.1	151.2
1995	12.1	9.6	15.7	9.0	9.4	10.9	1.4	141.1
1996	11.2	8.1	14.1	3.1	9.3	4.1	1.4	117.3
1997	12.0	5.0	14.2	−4.0	9.3	−5.4	0.9	70.9
1998	13.1	9.8	16.4	−15.2	11.2	−23.2	1.5	137.7
1999	9.9	9.2	11.4	3.1	8.2	7.4	2.8	349.5
2000	9.5	8.2	11.7	1.6	7.2	3.7	3.3	188.0
2001	7.9	7.4	9.0	3.6	6.6	9.0	3.3	255.8
2002	8.2	7.6	9.3	5.6	5.9	12.2	3.9	301.5
2003	7.5	8.3	8.1	7.9	5.1	20.6	4.3	324.6

주1 : 자본비용, 자기자본비용, 타인자본비용, 투하자본 수익률은 각 연도 말 상장기업 중에서 관리종목과 금융업을 제외하고 산출
주2 : 자기자본 이익률, 당기순이익, 현금 배당금 총액은 12월 결산법인을 대상으로 산출
주3 : 시가총액은 각 연도 말 상장기업 전체를 대상으로 산출

자료 : 증권거래소, 한화증권

지 않음을 알 수 있다.

우리나라 상장 기업들이 배당금을 상대적으로 적게 지급했던 이유는 다음과 같다.

첫째, 재투자를 위해 내부 유보 이익을 증가시키고 배당을 최대한 억제했다는 점이다.

우리 기업은 투자를 내부 유보 자금보다 외부 자금에 의존해 왔다. 이런 상황에서 기업활동을 통해 형성된 현금흐름을 배당으로 유출시킨다는 것은 상상할 수 없었다.

둘째, 이익수준이 낮아 배당을 지급할 여력이 부족했기 때문이다. 2000년 이전까지 우리 기업의 자기자본 이익률(ROE)은 평균 8%에도 미치지 못했다. 여기에 더해 연간 이익이 발생하는 형태를 보면 경기가 좋은 때에는 상당한 이익을 내지만, 경기가 침체기로 들어가면 이익 감소 폭이 50%에 달하는 등 변동이 심했다. 따라서 기업 입장에서는 안정적으로 자금을 유보시켜야 했기 때문에, 주주에게 나눠줄 만큼 이익이 줄어들었다.

셋째, 외부 자본 조달 시장의 미성숙 또는 자금시장 여건의 경색도 배당에 영향을 미쳤다. 기업이 외부에서 안정적으로 자금을 공급받을 수 있다면 현금을 보유하려는 욕구가 줄어든다. 반면 금융 관행의 낙후성 때문에 자금이 필요할 때 적기에 공급받을 수 없다면, 기업은 미래의 불확실성에 대비하려는 속성을 갖는다. 외환위기 이전까지 우리 금융시장은 기업을 자체적으로 평가할 능력이 없었기 때문에 이에 따라 파생되는 자금 배분 시스템의 불안정성이 기업의 현금보유 욕구를 키웠다.

우리나라의 배당 투자 사례

한화증권은 우리나라에서의 배당 투자 유용성을 시험하기 위해 지난 1991년 2월 1일 기점으로 매년 배당수익률이 가장 높은 20종목을 선정하여 '배당지수'를 작성하였다. 지난 1991년 이후 매년 2월 1일 마다 포트폴리오를 점검한 결과, 2003년 11월 말까지의 배당지수는 총 201.9%의 누적 수익률을 기록했다. 지난 1991년 2월 1일 이후 종합주가지수의 누적 수익률이 25.9%에 불과하다는 점을 감안할 때, 탁월한 수익률이라고 볼 수 있을 것이다. 참고로 이 누적 수익률은 '배당'을 감안하지 않은, 다시 말해 매년 연초의 배당락만 반영하고 현금 배당은 감안하지 않은 순수한 '주가' 수익률이라는 점을 감안할 필요가 있다.

앞의 배당지수에 배당 투자의 목적을 감안해 매년 현금 배당금을 수령한 것으로 가정하여 지수를 새롭게 산정하고, 종합주가지수 역시 매년 배당금을 감안하여 지수를 새롭게 계산해 볼 필요가 있다. 이렇게 배당수익률까지 감안한 새로운 '배당지수'의 성과는 더욱 놀라운 것으로 나타났다. 지난 1991년 2월 1일을 100으로 시작된

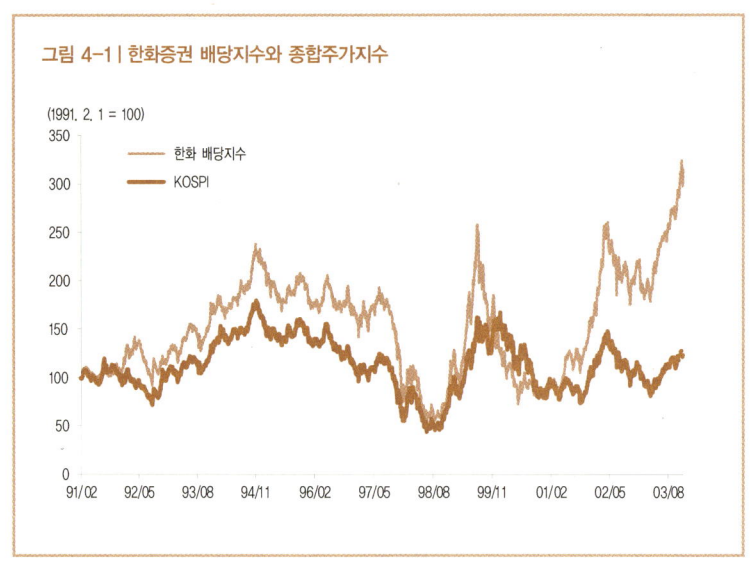

그림 4-1 | 한화증권 배당지수와 종합주가지수

자료 : 한화증권

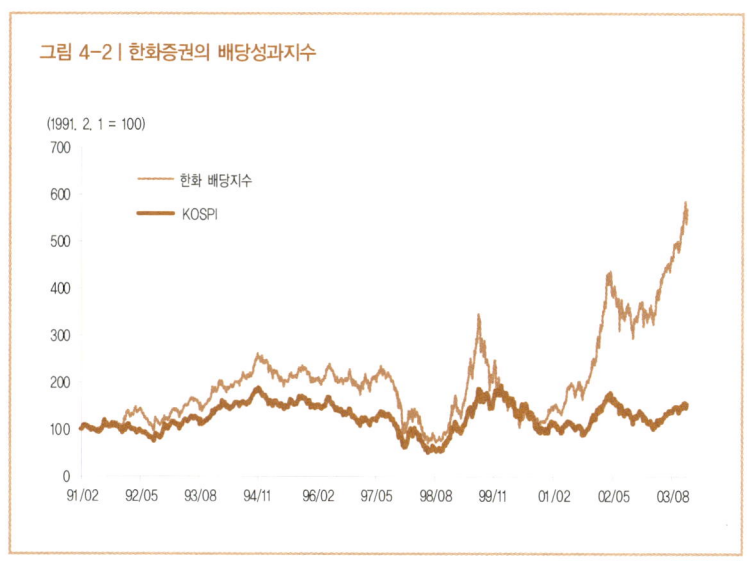

자료 : 증권거래소

'배당지수'는 2003년 11월 말 현재, 569.5P를 보이며 400%가 넘는 누적 수익률을 기록했기 때문이다. 이에 비해 종합주가지수(배당 포함)의 12년 간 누적 수익률은 54.1%로 '배당지수'에 크게 못 미친 것으로 나타났다.

배당 투자 성과가 본격적으로 나타나기 시작한 것은 2000년부터이다. 지난 1999년 말까지 누적 수익률은 73.3%로 종합주가지수 86.4%에 비해 떨어졌으나, 2000년부터 시작된 '가치주' 장세의 영향으로 고배당 주식들이 크게 상승했다. 이런 현상이 나타난 이유는 세 가지를 들 수 있는데,

첫째는 외국인 투자비중 확대에 따른 배당요구 증대이다. S-oil에서 보는 것처럼, 외국계 주주의 고배당에 대한 요구가 갈수록 커지

는 상황으로 가고 있다.

둘째, 외환위기 이후 지속적으로 진행된 기업 구조조정과 부채비율 축소의 영향이다. 차세대 성장산업의 발굴에 실패했다는 부정적인 측면이 있기는 해도 기업의 여유 현금이 증가함에 따라 배당여력이 크게 증가하였다.

셋째, M&A 및 주주 행동주의 활성화이다. 외국계 주주의 비중 확대에 따른 적대적 M&A의 위협을 일정 부분 해소하는 한편, 소액주주 운동에 대한 자연스러운 수용 과정이 진행되었다.

배당을 높이는 요인은 일회성으로 끝나지 않고 당분간 지속될 가능성이 높다. 여기에 시장이 배당 투자에 우호적인 환경으로 바뀌고 있는 점까지 고려하면 배당 관련주의 추세적 상승은 계속 이어질 가능성이 높다.

미국의 배당 투자 사례

미국에서 배당 투자가 가장 성행했던 시기는 1950년대이다. 1929년 대공황에 의한 주가 폭락을 경험한 투자자들이 시장에서 속속 이탈하기 시작했고, 그 여파는 1940년대 전체를 지배했다. 대공황은 투자자들의 투자 패턴까지 보수적으로 바꾸어놓았다. 자산이 부채를 월등히 초과해야 함은 필수적이었고, 시세차익보다는 눈앞의 배당을 통해 많은 현금을 배당하는 기업을 최고의 투자 대상으로 여겼다. 성장가치에 대한 고려가 거의 없던 시기였다.

반면 1990년대 중반 이후 배당 투자는 힘을 잃었다. 1990~99년까지 약 10년 동안 주가 상승이 계속되었고 아울러 연평균 주가 상승률이 15%를 넘자 배당보다 시세차익이 투자의 초점이 된 것이다. 그러나 배당에 대한 무관심은 오래가지 않았다. 2003년 초부터 다시 배당이 투자자들의 관심권 내에 들어와 다시 확고한 위치를 차지하게 되었다.

최근에 미국 시장에서 배당이 관심을 끌고 있는 이유는 다음과 같다.

첫째, 상당수 우량 기업의 배당수익률이 1990년대 중반 이후 가장 높은 수준으로 올라왔기 때문이다. 1999년 말 다우지수 구성 주식의 평균 배당수익률은 1.47%를 기록, 사상 최저치로 떨어졌지만 2003년 8월에 2.12%로 상승해 1999년 이후 44%나 올라갔다. 다우지수뿐 아니라, S&P 500 기업의 배당수익률도 1.69%로 전년에 비해 25% 정도 올랐다.

둘째, 저금리로 배당수익률이 단기 금리보다 높아졌기 때문이다. 배당수익률 2.1%는 2년 만기 재무증권 수익률과 비슷하다.

이는 투자자가 다우지수에 속하는 종목 중 어떤 것을 1만 달러에 살 경우 향후 2년 동안 2년만기 재무증권 이자와 동일한 1,100달러의 배당금을 받을 수 있다는 의미가 된다. 주식과 단기채의 연간 수익률이 유사하다는 것은 상당히 매력적이며, 지난 수십 년 동안 몇 번 발생하지 않았던 상황이다.

셋째 주가 하락으로 배당수익률을 중시하는 환경이 조성됐다는 점이다.

주가가 하락하면서 배당수익률이 급격하게 상승했다. 1998년 코카콜라의 주가는 88달러였고 주당 배당금은 60센트로 배당수익률이 0.7%에 불과했다. 하지만 2003년 8월 동사의 주가는 52.7달러에 마감됐고 지난 12개월 동안 배당은 80센트가 지급되어 수익률이 1.5%로 올라섰다.

넷째, 미국 기업의 배당 지급이 계속해서 늘고 있다.

현재 미국 기업들은 순익이 감소하더라도 배당금 축소를 꺼리는 추세이다. 현금 배당을 지급한다는 것은 기업의 현금흐름표에 대한 신뢰성을 제고하고, 주가 하락 리스크를 완화시킬 수 있다고 CEO들이 믿기 때문이다.

배당금은 기업 재무 상태의 건실성을 가늠하는 지표가 될 수 있다. 기업이 발표하는 매출 및 순익에 대한 신뢰가 흔들리는 상황에

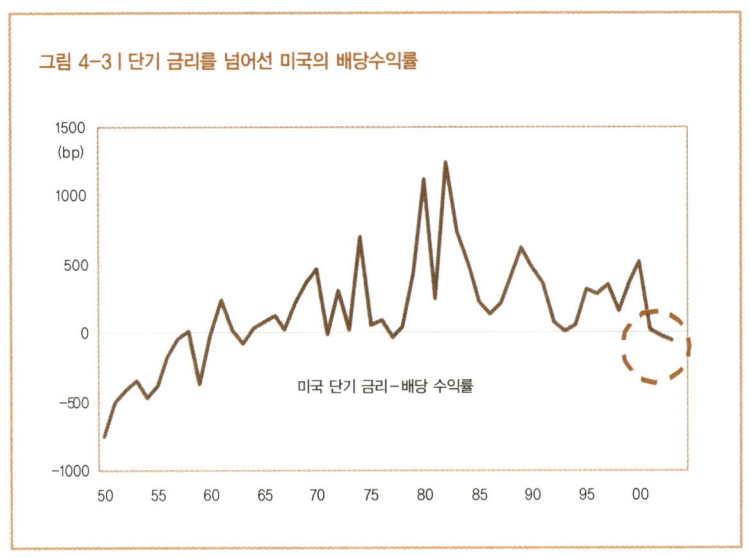

그림 4-3 | 단기 금리를 넘어선 미국의 배당수익률

자료 : Datastream

서, 높은 배당수익률은 해당 기업에 대한 신뢰를 제고하는 수단이 된다. 이에 따라 미국에서는 건실한 배당금을 지급하는 주식을 포트폴리오에 편입시키는 경향이 확산되고 있는데, 현재 다우 기업 중에서 마이크로소프트를 제외한 29개 업체가 모두 배당을 지급하고 있다.

미국에서 배당에 대한 지침과 관련해 JP 모건의 의견을 주목할 필요가 있다. JP 모건은 배당 투자에 적합한 종목으로 배당수익률이 2.5%를 상회하고 과거 3~5년 동안 주당 배당금이 꾸준히 증가한 업체를 권하고 있다. 배당수익률이 2.5%를 상회한다는 것은 배당수익률이 단기 금리보다 높아야 한다는 의미다.

주식은 만기가 없다. 따라서 배당수익률과 금리를 비교할 때 단기 금리가 적절한 대상인지, 장기 금리가 적절한지를 정확하게 판단할 수 없다.

그러나 주식이 시세차익이 가능한 상품이어서 채권에 비해 상대적으로 변동성이 크다는 점을 감안하면, 배당수익률이 단기 금리보다 높아야 하는 것은 최소한의 조건이다.

3~5년 간 주당 배당금이 증가하는 업체는 배당이 안정적이라고 볼 수 있다. 배당은 정확하지 않은 금액을 대상으로 하는 '불확실한 투자'이다. 따라서 영업내용이 안정되어 매년 일정한 액수의 배당이 지급되는 기업에 투자한다면 배당의 변동성이 큰 기업에 투자하는 것보다 월등히 좋은 결과를 얻을 수 있다.

배당 투자 전략을 사용하는 펀드

2000년부터 미국 주가가 급락하자, 배당에 대한 관심은 높아지면서 Dogs of the Dow라는 배당 투자 전략을 사용하는 펀드가 증가하고 있다.

Dogs of the Dow는 배당금에 초점을 맞추고 있는 투자 전략으로서 강세장에는 관심 밖으로 밀려나 있었다. 1998년 말까지만 해도 이 전략을 사용했던 뮤추얼 펀드 규모는 220억 달러에 달했으나, 주가 상승과 함께 그 규모가 급격히 줄어 2001년 한때 거의 0에 근접했다.

전통적인 'Dogs of the Dow' 전략은 연말까지 주식을 보유하지 않고 기다리다가 다우존스 산업평균지수를 구성하는 30개 종목 중 높은 배당수익률을 나타내는 10개의 종목을 선정, 각각 같은 비율로 투자하는 것이다. 또 단순히 한햇동안 이들 종목을 보유하고 있다가 연말에 가서 더 이상 배당수익률이 높지 않은 주식들을 매도해 배당수익률이 높은 주식들로 교체하는 것도 Dogs of the Dow 투자법에 속한다. 이 투자 전략은 1970년 이후 나타났지만 대중화된 것은 1991년 마이클 오 히긴즈가 자신의 저서 《Beating the Dow》에서 언급하고 부터다. 그 동안 이 전략에 주로 사용된 기업은 이스트먼 코닥(Eastman Kodak), JP 모건 체이스, 필립 모리스(Philp Morris) 등이었다. 또한 GM, 엑슨모빌(Exxon Mobil) 그리고 머크(Merck)도 그 부류에 속했었다.

Dogs of the Dow 전략의 우수성은 그 동안의 성과를 통해 검증됐다. 1973년 이후 'Dogs of the Dow' 전략의 수익률은 연 17.7%를 나타내, 다우지수 연평균 수익률 11.9%를 상회했다. 그러나 최근 들어서는 지난 10년 간 이 전략의 수익률이 다우지수의 수익률 15.5%에 비해 0.5%P 뒤질 정도로 차이가 좁아졌다. 기술주 붐 시기에 이 전략의 성과가 상대적으로 매우 부진했기 때문이다. 그러나 2000년 'Dogs of the Dow' 수익률은 6.4%를 기록해, 다우지수의 4.7% 하락, S&P 500의 9.2% 하락과 대조를 이루었다. 2001년에는 4.9% 손실을 기록했으나 이는 미국의 주가지수들에 비해 크게 앞서는 것이었다.

수익률 외에 Dogs of the Dow 전략이 우수한 이유는 또 있다. 다우지수 30 종목들에 초점을 맞춤으로써 부실주를 가려낼 수 있으며, 실질적으로 부도위험도 피해갈 수 있다는 점이다. 또 Dogs of the Dow 전략은 좀더 공격적인 전략으로 다양화할 수도 있다. 즉 고배당 수익률 종목을 10개가 아닌 5개만 선정해 집중 투자하는 것이다(일명 small dogs of the Dow 또는 Flying Five). 더욱 공격적인 접근법을 사용하기 위해 4개의 종목만 선정할 수도 있다.

헤네시 펀드는 아직까지 소수의 펀드 매니저들만이 'Dogs of the Dow' 전략을 사용하는 회사 중 하나지만, 이 회사의 CEO이며 포트폴리오 매니저인 네일 헤네시는 "10개의 고배당 수익률 종목들은 배당만으로도 평균 4.25%의 수익률을 시현할 수 있을 것"이라고 지적했다. 그러고는 "만일 은행이 이 정도 수준의 이자를 지급한다면 모든 사람이 은행으로 몰려들 것이다. 그러나 투자가들은 아직까지 이러한 고배당수익률 종목들에 대한 투자를 주저하고 있다"고 말했다.

05 현금흐름 우량주

 유사한 제품과 시장 지배력 등 대부분의 상황이 거의 비슷한 두 개의 기업이 있다고 가정해 보자. 어떤 기업을 투자 대상으로 삼을 것인가?
 여러 기준이 있겠지만 현금흐름이 양호한 기업이 그렇지 못한 기업에 비해 더 우수한 성과를 보이는 것이 일반적이다.
 현금을 충분히 보유하지 못한 기업은 원하는 만큼의 이익을 올릴 수 없다. 기업은 비록 재무 구조가 건실하더라도 배당 지급, 재화와 용역의 조달 및 장단기 부채 이자 지급 등을 위해 충분한 내부 유보 현금 및 현금흐름을 갖고 있어야 한다. 그렇지 못할 경우 기업이 위기에 대처할 수 있는 능력은 현저히 떨어지게 된다. 이는 아무리 위치가 좋은 부동산이라도 유지·운용 비용, 이자와 원금을 상쇄할 만큼 충분한 현금흐름이 해당 부동산에서 발생하지 않는다면 매각해야 하는 것과 동일한 이치이다.

어떤 기업이 돈을 벌 수 있는 기회를 활용할 수 있을 만큼 충분한 현금흐름을 갖추지 못했다면 그 기업은 더 나은 현금흐름을 갖고 있는 경쟁업체에 시장을 빼앗기게 된다.

현금흐름은 완충 장치로서의 역할도 한다. 현금이 풍부한 기업은 높은 부채비율을 갖고 있는 기업보다 경기 변동에 더욱 적절하게 대응할 수 있는데, 부채비율이 높은 기업이 상당 규모의 이자 비용을 지불하는 동안 현금흐름이 좋은 기업은 이자 수입을 이용해 최악의 경우에 대비할 수 있기 때문이다.

자산과 관련해서도 마찬가지이다. 부채비율이 아주 높은 기업이 지속적인 현금 수요를 충당하기 위해 자산을 헐값으로 매각하는 경우가 있다. 그러나 현금이 풍부한 기업은 자사의 자산 및 설비를 싼값에 매입해 시장점유율을 높일 수 있다.

현금흐름이란 무엇인가

투자수익률을 제고할 목적으로 현금흐름 정보를 활용하기 위해서는 현금흐름이란 무엇이고, 현금흐름이 다른 핵심적인 재무 요인과 어떠한 관련이 있는지를 아는 것이 중요하다.

따라서 성공적인 현금흐름 기준 투자를 수행하기 위해서는 다음과 같은 현금흐름 분석에 관한 용어 정의가 좋은 출발점이 될 것이다.

- 현금흐름(cash flow) : 현금흐름은 영업활동으로부터의 자금 유입과 유출을 의미한다. 이것은 일반적으로 순이익, 감가상각 비용, 그리고 비현금흐름을 수반하는 항목으로 계산한다.
- 현금흐름-부채비율 : 순현금흐름과 총 장기 부채의 관계를 나타낸다. 이 비율은 기업이 예정된 부채와 이자를 제 때 지불할 수 있는 능력을 갖고 있는지 파악하는 데 도움이 된다.
- 현금흐름-이자비율 : 순현금흐름이 장기 부채에 수반되는 고정적인 이자 비용의 몇 배 수준인가를 파악하는 데 이용된다.
- 주당 현금흐름 : 감가상각 및 기타 현금 유출을 수반하지 않는 비용을 차감하지 않은 이익 수준을 나타낸다.
- 현금비율 : 유동성을 측정하는 데 이용된다. 현금비율은 현금과 유가증권의 합을 유동부채로 나눈 것으로서, 기업의 유동부채에 대한 지급 능력을 나타낸다.
- 보통주와 우선주의 배당금-현금비율(common and preferred cashflow coverage ratio) : 순현금흐름이 보통주와 우선주 배당금의 몇 배 수준인지를 나타낸다.
- 경제적 가치 : 기업이 장래 일정 기간 동안 벌어들일 기대 순현금흐름을 그 기업의 가중평균 자본비용으로 할인한 값이다.
- 순현금흐름-이익비율(free cashflow-earnings ratio) : 실제 현금으로 수취 가능한 이익의 백분율을 나타낸다. 이것은 기업의 경영진이 투자·매입·공장건설·배당 등에 이용할 수 있는

순현금의 백분율이다. 일반적으로 이 비율은 0.5~1 사이에 있다. 다시 말해서 이익의 최소 50%는 순현금으로 있어야 함을 의미한다.
- 당좌비율(quick ratio) : 산성시험비율(acid-test ratio)이라고도 하며, 기업의 유동성을 측정하는 데 이용된다. 이것은 그다지 유동적이지 않은 재고자산을 포함해서 계산한 유동비율을 개선한 것이다. 당좌비율의 산식은 재고자산을 제외한 유동자산을 유동부채로 나눈 것이다. 유동성이 훨씬 높은 형태의 당좌비율은 현금, 유가증권, 그리고 외상매출금을 유동부채로 나눈 것이다. 일반적으로 당좌비율이 1이면 만족스러운 수준으로 간주한다. 그러나 현금 수취에 지장이 있을 경우 곤경에 처할 수 있다. 반대로 어떤 기업이 높은 당좌비율을 갖고 있다면, 이는 자본을 효율적으로 활용하지 못하는 것으로 볼 수 있다.

기업 발전의 원동력, 현금흐름

외환위기 이후 새롭게 등장한 투자지표 두 개를 꼽으라면 단연 신용등급과 현금흐름이다. 외환위기를 겪는 과정에서 다수의 기업이 도산했고 그 도산의 원인이 과다한 투자와 현금흐름을 적절하게 유지하지 못한 데 있다고 보기 때문이다.

그러면 현금흐름이란 무엇일까?

간단하게 말해서 '한 기업이 일정 기간 영업을 해서 실제로 벌어들인 현찰'이라고 생각하면 된다. 어떤 기업이 영업을 하면 그 결과에 따라 회사로 돈이 들어오고, 이렇게 벌어들인 돈을 임금, 이자 등으로 지불하고 나면 남는 돈이 생기는데 이를 포괄적인 의미에서 현금흐름이라고 본다.

이런 현금흐름은 다른 재무제표, 예를 들어 손익계산서를 통해서도 구할 수 있다. 그러나 정확한 현금흐름의 크기는 손익계산서에서 여러 항목을 조정한 현금흐름표를 사용하는 것이 일반적이다. 왜냐하면 기본 재무제표인 대차대조표와 손익계산서가 회계의 기본 목적인 이해관계자에게 회계정보를 충분히 제공하는 데 문제가 있기 때문이다.

이를 살펴보면 손익계산서의 경우,

① 회계 보고서상의 당기순이익을 결정할 때 수익과 비용의 인식이 현금 기준이 아니기 때문이다.

기업이 외상으로 매출을 한 경우 회계적으로는 매출 처리와 함께, 매출 원가를 인식하여 수익을 시현한 것처럼 처리한다. 그러나 실제로 외상매출금이 회수되는 것은 국내 상거래 관례상 1~3개월 아니면 6개월까지 소요되는 경우가 일반적이다. 즉 매출이 이루어졌더라도 그 매출이 당장 현금화되는 것은 아니다.

② 당기순이익을 구성하는 비용 항목 중 감가상각비, 이연자산 상각비처럼 비현금성 비용 항목은 회계 이익과 현금 잔액이 일치하지 않는다.

감가상각비는 기업의 기계, 건물 등이 점차 노후화됨에 따라 향후 기계를 대체하기 위한 자금을 확보하는 차원에서 회계적으로 비용 처리를 하지만 정작 현금으로는 지출되지 않는 비용이다.
③ 기업의 현금은 매출 또는 매입 등을 통한 과정에서 발생한 이익 또는 비용에서만 변동이 발생하는 것이 아니라, 은행으로부터 자금을 차입하거나 유상증자, 배당금 지급, 자산 취득 등과 같은 재무활동이나 투자활동과 관련해서도 현금의 유입과 유출이 발생한다.

현금흐름의 중요성에 관한 실례는 수없이 많다. 하나의 예를 들어보면 1989년에 상장된 업체 중 아남정밀이라는 회사가 있었는데 카메라에 관해서는 독보적인 기술력을 갖고 있었다. 요즘에는 흔한 일회용 카메라를 국내에 처음 도입하기도 했었다. 그러나 카메라가 한창 잘 나가던 때 감당해야 할 현금을 고려하지 않은 채 대규모 투자를 감행해 결국 파산하고 말았다.

현금흐름은 잘만 관리하면 기업 발전에 원동력이 되지만, 그러지 못한다면 기업이 '서서히 죽어가고 있는' 사실조차 인식하지 못하게 만들 수도 있다.

현금흐름표의 구성

현금흐름만을 일목요연하게 정리한 현금흐름표는 일정 기간 동안의 현금 유입과 유출에 관련된 정보를 제공하는 재무제표이다.

현금흐름을 정확하게 산정하는 것은 경영자나 채무자(투자자 모두)에게 중요한 일이다. 경영자들은 현금흐름표를 통해 성장 목표를 달성하기 위해 필요한 현금 소요액을 획득할 수 있는 방안이 무엇이며, 그것이 기업의 재무 건전성에 어떤 영향을 미칠 것인가를 평가해야 한다. 반면 채권자와 투자자는 부채의 만기 구조를 감안해 기업의 현금사정과 채무 불이행 가능성이 어느 정도인지를 평가하기 위해 현금흐름의 변동 원인과 현금 창출 능력 파악이 필요하다.

1. 현금흐름표의 구성

기업에 현금이 유출입되는 경로는 세 가지다.

첫째는 영업활동에 의거한 것으로서 구매·생산·판매 등의 일상적인 영업활동을 통해 자금이 유출입된다.

둘째는 투자활동에 의한 것으로 유형 자산이나 투자 자산을 취득하고 처분할 때 자금이 유출입된다.

셋째는 재무활동에 의한 경우이다. 즉 기업이 은행에서 차입을 하거나 주식시장에서 자금을 조달할 때 현금이 유입되고, 차입금을 상환할 때 자금이 유출된다.

현금흐름표는 위의 세 가지 현금 유출입을 일목요연하게 나타낸 것으로서 다음과 같이 구성되어 있다.

영업활동으로 인한 현금흐름
- 당기순이익(손실)
- 현금의 유출이 없는 비용 등의 가산
- 현금의 유입이 없는 수익 등의 차감
- 영업활동으로 인한 자산·부채의 변동

투자활동으로 인한 현금흐름
- 투자활동으로 인한 현금 유입액
- 투자활동으로 인한 현금 유출액

재무활동으로 인한 현금흐름
- 재무활동으로 인한 현금 유입액
- 재무활동으로 인한 현금 유출액

현금의 증가(감소)
- 기초의 현금
- 기말의 현금

2. 영업활동으로 인한 현금흐름

영업활동은 제품의 생산과 상품 및 용역의 구매·판매 활동을 말한다.

　영업활동으로 인한 현금의 유입은 제품이나 상품의 판매 등 일반적인 상거래시의 현금 유입(매출채권의 회수 포함), 이자수익과 배당금수익, 기타 투자활동과 재무활동에 속하지 않는 거래에서 발생된 현금 유입이 포함된다. 영업활동으로 인한 현금의 유출에는 원재료나 상품 구입 등 일반적 상거래로 인한 현금 유출(매입채무의 결제 포함), 기타 상품과 용역의 공급자와 종업원에 대한 현금 지출, 이자 비용, 기타 투자활동과 재무활동에 속하지 않는 거래에서 발생된 현금 유출 등이 포함된다.

　영업활동으로 인한 현금흐름을 표시하는 방법으로는 직접법과 간접법이 있는데, 일반적으로 간접법을 많이 사용한다. 간접법이란 당기순이익에 현금 유출이 없는 비용 등을 가산하고 현금 유입이 없는 수익 등을 차감하여 표시하는 방법을 말한다. 즉 영업활동으로 인한 현금흐름을 원천별·용도별로 직접 표시하지 않고 간접적으로 현금흐름의 총액을 찾아가는 방법이다.

　간접법에서는 현금 유출이 없는 비용 등을 당기순이익에 가산하고, 현금 유입이 없는 수익 등은 당기순이익에서 차감한다. 또한 영업활동으로 인한 자산·부채의 변동, 즉 영업활동과 관련하여 발생한 유동 자산 및 유동 부채의 증가 또는 감소를 당기순이익에서 가감한다. 이 방법에 따르면, 외상 매출금 등 자산이 증가하거나 외상 매입금 등 부채가 감소하면 당기순이익에서 차감하고 반대의 경우에는 당기순이익에서 가산한다.

3. 투자활동으로 인한 현금흐름

투자활동이란 현금의 대여와 회수활동, 유가증권, 투자자산, 유형자산 및 무형자산의 취득과 처분활동 등을 말한다. 투자활동으로 인한 현금 유입에는 대여금의 회수, 단기 금융상품, 유가증권의 처분, 투자 자산과 유형 및 무형 자산의 처분 등이 포함된다. 투자활동으로 인한 현금 유출에는 현금의 대여, 단기 금융상품, 유가증권, 투자 자산, 유형 자산 및 무형 자산의 취득에 따른 현금 유출 등이 포함된다.

4. 재무활동으로 인한 현금흐름

재무활동이란 현금의 차입 및 상환 활동, 신주발행이나 배당금의 지급 같이 부채 및 자본 계정에 영향을 미치는 거래를 말한다. 재무활동으로 인한 현금의 유입에는 장단기 차입금의 차입, 어음 및 사채 발행, 주식 발행 등이 포함된다. 이 경우 사채나 주식의 발행으로 인한 현금 유입시에는 액면가액으로 표시하지 않고 발행가액으로 기재한다.

재무활동으로 인한 현금의 유출에는 배당금 지급, 유상증자, 자기주식 취득, 차입금 상환, 자산취득에 따른 부채의 지급 등이 포함된다. 이자 비용이나 수익은 모두 영업활동에 속하지만 배당금의 경우 배당금 수익만 영업활동에 속하고 '배당금 지급'은 재무활동에 속한다.

5. 현금흐름표의 실제

앞에서 살펴본 것처럼 현금흐름표는 손익계산서상의 당기순이익(이는 이익 잉여금과 배당금으로 처분됨)과 기말과 기초 대차대조표상의 자산·부채·자본 증가분(이익 잉여금 증가분 제외)을 현금과 관련하여 그 내역을 정리한 표이다.

따라서 현금흐름표는 손익계산서와 대차대조표를 이용하여 작성이 가능한데 이와 관련한 예는 〈표 5-1〉과 같다.

표의 상단은 한국기업의 2002년과 2003년 비교 대차대조표 및

표 5-1 | 한국 기업 대차대조표 및 손익계산서를 통한 현금흐름표 작성

● 대차대조표

	2002.12	2003.12	증	감
현 금	7,000	4,000	1,000	3,000
매출 채권	4,000	5,000		
재고 자산	5,000	4,000		1,000
투자 자산	6,000	3,000		3,000
건물·기계	16,000	29,000	13,000	
(감가상각 충당금)	-4,000	-7,000	- 3,000	
자산 총계	34,000	38,000		
매입 채무	7,000	5,000		2,000
단기 차입금	2,000	3,000	1,000	
장기 차입금	3,000	3,000	0	
자 본 금	12,000	16,000	4,000	1,000
자본 잉여금	6,000	5,000		
유보 이익	4,000	6,000	2,000	
부채와 자본	34,000	38,000		

● 손익계산서   단위 : 억 원

구 분	금 액
매출액	50,000
- 매출원가	39,000
매출 총이익	11,000
- 판매및 일반관리비	6,000
영업이익	5,000
+ 영업외 수익	4,000
- 영업외 비용	4,000
경상 이익	5,000
+ 특별 이익	1,500
- 특별 손실	2,000
납세전 순이익	4,500
- 법인세 등	1,500
당기순이익	3,000

● 현금흐름표

구 분	금 액
I. 영업활동에 의한 현금흐름	4,000
1. 당기순이익	3,000
2. 현금 유출이 없는 비용 가산	3,000
3. 현금 유입이 없는 수익 차감	0
4. 영업활동으로 인한 자산·부채의 변동	
가. 매출채권 증가	−1,000
나. 재고자산 감소	1,000
다. 매입채무 감소	−2,000
II. 투자활동으로 인한 현금흐름	−10,000
1. 투자활동으로 인한 현금 유입액	
가. 투자 자산 감소	3,000
2. 투자활동으로 인한 현금 유출액	
가. 고정 자산 증가	−13,000
III. 재무활동으로 인한 현금흐름	3,000
1. 재무활동으로 인한 현금 유입액	
가. 단기 차입금 증가	1,000
나. 장기 차입금 증가	0
다. 자본금 증가	4,000
2. 재무활동으로 인한 현금 유출액	
가. 자본 잉여금 감소	−1,000
나. 배당금 지급	−1,000
IV. 현금의 증가(감소)	−3,000
V. 기초의 현금	7,000
VI. 기말의 현금	4,000

2003년 손익계산서이다. 여기에서

- 현금 유출이 없는 비용은 감가상각비가 이에 해당한다.
- 매출 채권, 재고 자산, 매입 채무, 투자 자산, 고정 자산, 장·단기 차입금, 자본금, 자본 잉여금의 증감은 2003년 대차대조표의 각 항목에서 2002년 항목을 제외한 수치이다.
- 배당금은 1,000억 원을 지불했다.
- 2003년 현금흐름은 3,000억 원이 감소했다. 현금흐름이 감소한 것은 고정 자산 증가 때문이다.

현금흐름 내역의 활용

기업의 현금흐름 내역을 나타내는 현금흐름표의 의미와 측정법에 대해 살펴보았다. 이제는 이 표를 어떻게 이용할 것인가를 생각해야 하는데, 현금흐름 보고서를 평가하기 위해서 다음과 같은 부분들을 좀더 자세히 살펴보아야 한다.

- 자산을 취득하거나 대체할 경우 자금의 원천이 내부 유보에 의한 것인가 아니면 비용이 발생하는 외부 자금에 의한 것인가?
- 사업 확장을 위한 자금 조달이 어떻게 이루어지는가?
- 전략적인 자산 취득을 위한 자금 조달은 어떻게 이루어졌

는가?
- 현금흐름이 부채 상환과 이자 비용을 충분히 감당할 수 있는가?
- 기업의 외부 자금 조달 수준을 산업평균과 비교할 때 어느 정도인가?

이들 질문에 대한 답은 현금의 원천과 투자분석에 관한 부분이다. 만일 어떤 기업이 투자자금을 전액 차입에 의존해 조달한다면, 투자가 잘못되거나 투자 이후 경기가 갑자기 나빠질 경우 큰 어려움을 겪을 수 있다. 심지어 유동성 부족 때문에 흑자 도산이 될 수도 있다. 따라서 현금흐름을 이용해 기업을 평가할 때는 장기 투자 금액과 이 금액을 조달하는 원천을 미리 파악하는 것이 무엇보다 필요하다.

현금흐름을 지표로 활용하는 방법에는 순현금흐름, 현금흐름 할인 분석과 초과 현금법(surplus cash flow method)이 있는데, 모두 상당한 수준의 수치해석 능력을 필요로 하기 때문에 실무에 사용하기에는 적당하지 않다. 따라서 여기서는 개요를 소개하는 수준에서 마무리한다.

순현금흐름

현금의 원천과 현금흐름이 투자분석에서 중요한 것과 마찬가지로 경영진이 현금을 효율적으로 이용하는 것도 중요하다.
《현금흐름과 증권 분석(Cash Flow and Security Analysis)》의 저자 케

네스 하켈은 "부채를 감당할 수 있으면서 영업활동으로부터 현금흐름이 지속적으로 증가하고, 순현금흐름을 창출할 능력이 있는 기업을 선정해 투자하는 것"을 투자 원칙으로 삼았다. 이 같은 필요에 부응하기 위해 사용하는 지표가 주가-순현금 비율이다.

순현금흐름에 기초한 투자 전략은 비교적 양호한 성과를 보여주었다. 과거 11년 동안 주가-순현금 비율에 따라 투자한 시스터매틱 파이낸셜 매니지먼트(Systematic Financial Management)사의 연평균 수익률이 20.0%인 반면, S&P 500의 수익률은 15.3%에 불과했던 것이다.

순현금흐름-시가총액 비율 변화는 앞으로 전망이 호전 또는 악화될 것인지에 대한 신호를 제공해 준다. 예를 들어, 1980년대 US 에어 그룹(US Air Group)의 경우에 순현금흐름과 시가총액이 플러스의 상관관계를 보였다. 그러나 1986년 동사의 순현금흐름이 마이너스로 전환된 반면 US 에어의 주가는 신고가를 갱신해 시가총액이 급증하는 불균형 양상이 나타났다. 주가의 거품은 1987년부터 해소되기 시작해 1989년에 붕괴되었다. 이 회사의 주가는 주당 최고가인 55달러에서 1991년에는 주당 7달러까지 폭락했다.

현금흐름 할인 분석

현금흐름 할인 분석은 장래 일정 기간 동안 기업의 예상 현금흐름을 현재가치로 환산하는 방법이다. 현재가치로 할인한다는 것은 은행에 돈을 3년 만기로 맡겼을 때, 3년 동안 받는 이자를 지금 모두 받는다면 얼마가 되는가를 계산하는 것과 같은 원리이다. 매해 예상되는 현금흐름을 금리로 할인하는 방법은 아래와 같다.

$$V = \frac{CF1}{(1+r)} + \frac{CF2}{(1+r)} + \frac{CF3}{(1+r)} + \frac{CF4}{(1+r)}$$

V = 가치

CF = 기간 현금흐름

r = 할인율 또는 자본 비용

초과 현금흐름법

초과 현금흐름법은 뉴욕의 자금 운용회사인 렌크사가 개발한 방법이다. 기존의 현금흐름 방법에 기초한 가치 분석시 대차대조표와 기타 지표들에 의해 극단적인 평가가 나오는 것을 방지하기 위해 사용한다. 이 방법에서 초과 현금은 다음과 같은 방법으로 측정한다.

> 초과 현금 = 세전이익 + 감가상각비 − 자본적 지출

이 식에 따라 초과현금이 측정되면 현재 주가가 초과 현금의 몇 배인가를 계산하고, 이 수치가 정해진 기준 이상이 되면 현재 주가가 현금흐름에 비해 고평가된 것이다.

정해진 기준에 미달하면 저평가된 것으로 판단한다.

렌크가 제시한 저평가·고평가에 대한 선별 기준은 다음과 같다.

주가가 저평가되었다고 판단할 수 있는 기준.
- 주가 순자산비율이 1.5배 미만
- 배당수익률이 시장수익률보다 높음
- 주가 수익배율이 시장 PER보다 낮음
- 시장 가격이 초과 현금흐름의 7.5배 이하

주가가 고평가되었다고 판단할 수 있는 기준.

- 주가순자산비율이 1.5배 이상
- 배당수익률이 시장수익률보다 낮음
- 주가 수익배율이 시장 PER보다 30% 이상 높은 종목
- 시장 가격이 초과 현금흐름의 12.5배 이상

초과 현금흐름에서 중요한 것이 이자율의 기능이다. 이자율이 변동할 경우 시장 가격의 적정성 여부를 판단하는 승수도 따라서 변하기 때문이다. 즉 2000년에 기업의 적정 주가가 초과 현금흐름의 9~10배라고 추정하고, 50%의 초과 수익을 얻기 위해서는 초과 현금흐름의 6배 이하에서 거래되는 기업을 선정해야 된다고 가정하자. 이후 금리가 대폭 하락할 경우 승수 효과가 달라지므로 적정 주가가 초과 현금흐름의 11배로 상향 조정되고, 50%의 수익을 가져다 줄 수 있는 기업은 초과 현금흐름의 7.5배 이하에서 거래되는 기업이 된다는 식이다.

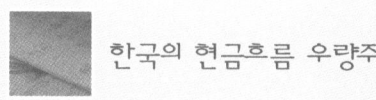
한국의 현금흐름 우량주

한국 기업들은 안정·성장기에 접어들면서 잉여 현금을 축적해 나가고 있다. 외환위기 이전까지는 설비투자를 위해 외부에서 자금을 조달했지만 이제는 설비투자 자금을 충당하고도 잉여 현금이 생길 정도로 자금 사정이 좋아졌다. 기업들은 이 여유 자금을 배당이나 자사주 매입 등에 사용했다.

우리나라에서 현금흐름을 측정하는 지표로 흔히 사용하고 있는 것이 EV/EBITDA이다.

EV/EBITDA의 분자 EV(Ewnterprise Value)는 기업 가치(시가총액+순차입금)를 나타내며, 분모 EBITDA(Earnings before interest, tax, depreciation and amortization)는 영업현금흐름(영업이익+감가상각비)을 나타낸다. 이는 기업의 현금 베이스 영업이익이 시장에서 몇 배로 평가 받는지를 의미하며, 그 기업을 현재 시장가격으로 매수할 때 몇 년 내에 투자 원금을 회수할 수 있는지를 나타내기도 한다.

2004년 말 현재 우리나라 상장 기업의 평균 EV/EBITDA는 4.5배다. 기업을 매수할 때 EBITDA를 통해 약 4년 반이면 매수 자금을 모두 회수할 수 있다는 의미다. 따라서 현금흐름 우량주를 판단할 때 최소한 EV/EBITDA가 4배보다 낮으면서 안정적인 수익 구조를 가지고 있는 기업이 이상적이다.

현금흐름 우량주

구분	EV / EBITDA		영업이익 증가율 (%)	순이익 증가율 (%)
	2004년	2005년		
포항강판	1.5	0.3	39.8	-0.1
퍼시스	2.4	1.5	7.9	3.3
현대차	2.7	1.8	7.0	15.8
POSCO	2.7	2.2	13.7	11.8
광전자	2.8	2.1	49.9	-8.3
동원 F&B	2.8	2.5	12.4	12.3
포리올	2.8	2.3	16.2	13.3
고려아연	2.9	1.7	32.7	49.8
인지컨트롤스	2.9	1.9	36.9	23.2
대교	3.2	2.4	3.1	3.2
LG 석유화학	3.4	3.0	-4.8	0.4
한진해운	3.6	3.0	4.0	-4.5

06 소형주와 방어주

소형주 투자

어떤 투자자는 모든 것이 잘 갖추어진 블루칩에 투자해 수년에 걸쳐 안정적인 자본 이득을 얻고자 한다. 그러나 좀더 모험적인 투자자라면 미래의 삼성전자, SK텔레콤을 찾아 나설 텐데 이런 노력이 주효하면 엄청난 초과 수익을 얻을 수 있다.

대형주와 소형주 중에서 어디에 투자하는 것이 현명한가에 대해서는 논란이 분분하다. 그러나 장기적으로 보면 소형주가 대형주에 비해 높은 수익을 거둔 것이 분명하다. 1980년을 기준으로 2004년 8월 현재 종합주가지수를 보면 소형주 지수는 1,300P대 후반, 대형주는 800P대 후반이다. 약 22년 간 소형주는 주가가 13배 오른 반면,

대형주는 8배 정도 오르는 데 그쳐 소형주가 대형주보다 상대적으로 우세했음을 알 수 있다.

미국도 마찬가지이다. 렉스 싱크필드(Rex A Sinquefield)의 연구에 따르면, 1925년에 소형주에 1달러를 투자한 투자자는 1991년에 1,847.6달러로 가격이 상승한 반면, 보통주는 675.6달러에 그쳐 소형주가 대형주에 비해 3배 정도 높은 상승을 기록한 것으로 나타났다.

소형주의 주가 상승률이 대형주보다 높은 이유

장기적으로 소형주의 주가 상승률이 대형주보다 높은 이유에 관해 다양한 분석이 이루어졌다. 이를 정리해 보면 다음과 같다.

첫째, 소규모 기업이 대규모 기업에 비해 정보가 불충분하기 때문이다. 대형 기업의 경우 자체 IR과 언론지상 등 다양한 경로를 통해 정보가 공개된다. 따라서 정보가 공개되는 시점에 주가가 반응하게 되어 합리적인 가격이 성립될 수 있다. 반면 소규모 기업은 불충분한 정보로 인해 비합리적인 의사결정이 내려지기 때문에 소형주 포트폴리오는 높은 수익률로 이를 보상해 주어야 한다.

둘째, 거래의 편의성이다. 거래가 부진한 소규모 기업은 위험 척도가 상대적으로 과대평가되고, 거래가 활발한 대규모 기업은 위험 척도가 과소평가되므로, 위험을 보상해 주기 위해 소형주의 수익률이 대형주의 수익률보다 상대적으로 높아야 한다는 이론이다.

셋째, 절세매각가설(節稅賣却假設 : Tax-loss-Selling Hypothesis) 이다. 이는 미국에서 주로 나타나는 현상이다. 소형주 · 대형주의 수익률 차이와 관련한 규모 효과와 주식 수익률의 계절성을 비교해 보면 규모 효과의 50% 이상이 1월 중에 나타나고, 또 그 중 50%가 1월 첫 5일 간 실현된다는 사실을 알 수 있다. 이는 투자자들이 세금을 절약하기 위해 연말에 가격이 크게 변할 가능성이 있는 소형주를 매각함으로써 소형주 주가가 실제 가격보다 떨어진다는 것이다. 그러나 해가 바뀌면 이러한 비정상적 매도가 없어져 소형주의 주가가 균형을 회복하므로 1월에 수익률이 높게 나타난다는 주장이다.

네번째는 정보가설(情報假設 : Information Hypothesis)이다. 1월은 대부분 기업에게 회계 및 과세연도가 시작되는 달이다. 따라서 1월에 전 회계연도의 영업 실적이 예비적으로 발표되는 등 기업에 관한 많은 정보가 범람하는데, 이에 따라 불확실성이 증가함과 동시에 투자자의 기대감도 커진다. 투자자들은 소규모 기업에 대해서는 적은 정보밖에 입수할 수 없으므로 시장 할인에 대한 보상으로 대기업 주가보다 높은 수익률을 요구하게 된다.

소형주 투자법

소형주 투자 전문가들은 그들 나름의 고유한 분석기법을 가지고 있다. 다음에 열거하는 내용은 소형주 종목군 내에서 유망 종목을 발굴하기 위한 기본 원칙이다.

- 경쟁사들이 경제적으로 진입할 수 없는 시장 독점적 지위를 가진 기업. 이들 기업의 강점은 기술 혁신, 마케팅 전략, 안정

적인 원재료 조달, 또는 지리적 장점에 기인한다.
- 불경기를 견딜 수 있는 최소한의 부채만을 가진 기업.
- 원활한 영업활동 및 성장성 제고를 위한 적정 수준의 현금, 풍부한 자본, 그리고 신용도가 높은 기업.
- 자기자본이익률(ROE)이 높은 기업.
- 향후 5년 간 순이익 증가율이 매년 15% 이상일 것으로 추정되는 기업.

시장 독점적 지위를 갖고 있다는 것은 시장 대응력이 높다는 의미다. 소형주가 대형주에 비해 갖고 있는 약점은 영업의 변동성이다. 규모의 경제를 구현하지 못하는 소형 기업은 경기 침체시 심각한 경쟁력 저하를 초래할 수 있다. 아울러 짧은 수명주기와 기술 진보로 인해 끊임없는 혁신이 요구된다. 이런 상황에서 해당 분야에서 독점적 위치를 갖고 있는 기업만이 변화를 선도해 갈 수 있으며, 변화에 대한 대응력도 갖출 수 있다.

최소 부채와 적정 수준의 현금은 기업의 안전성을 담보할 수 있는 요인이다. 소형 기업은 자신의 영업 영역이 좁기 때문에 예기치 못한 변화에 직면할 가능성이 있다. 수요자의 기호가 바뀌어 기존의 영업 부문이 축소되기도 하고, 원자재 가격 변화에 따른 위험에도 직접 노출될 수 있다. 금리가 오르는 등 금융시장이 경색된다면 유동성 부족에 시달릴 가능성도 있다. 기업의 내용이 아무리 좋아도 적정한 유동성과 나쁜 상황을 견뎌낼 수 있는 안전성을 확보하지 못할 경우 문제가 될 수 있다.

소형주 투자 실례

이제 우리나라와 미국의 소형주 투자 성과를 살펴보자.

오하이오 주 더블린에 본사를 둔 CDI는 고부가가치 고객지원 서비스를 하는 약품물류 회사이다. 1985~91년까지 이 회사의 매출액은 4억 2,900만 달러에서 15억 달러로 3배 정도 증가했다. 순이익도 증가하여 주당 0.36달러에서 1.2달러로 상승했다. 전략적 M&A와 내적 성장에 따른 결과였다.

주가 역시 최고치를 갱신했다. CDI 주식은 1987년 10월 블랙 먼데이 영향으로 10.73달러에서 5달러까지 하락한 후 1988년 9.5달러, 1989년 15.75달러로 상승했고, 1991년에는 38.75달러까지 가격이 높아졌다. 1992년 중반 더필로어 메디컬(Durr-Fillauer Medical)사를 인수·합병해 연간 매출이 100% 증가한 30억 달러까지 올라갔고 미국 내 세번째 약품유통 업자로 부각되었다.

소형 기업의 가장 극적인 변화를 보여준 예가 시스코(Sysco)이다.

시스코는 1970년 스탠퍼드 대학에 재학 중이던 두 명의 연인에서 시작됐다. 새드라 러너와 레너드 보사크는 e-메일로 편지를 주고받았는데, 서로 각기 다른 네트워크 때문에 메일이 연결되지 않음을 알고, 이런 불편을 해소하기 위해 '라우터'라는 것을 개발했다. 이들이 만든 라우터는 서로 호환되지 않는 컴퓨터 사이에 메일을 주고받을 수 있도록 한 시스템이었다.

새드라와 레너드는 집을 저당 잡히고 벤처 캐피털 회사를 끌어들여 회사를 창립했다. 1990년 시스코의 주식이 첫 거래를 시작할 당

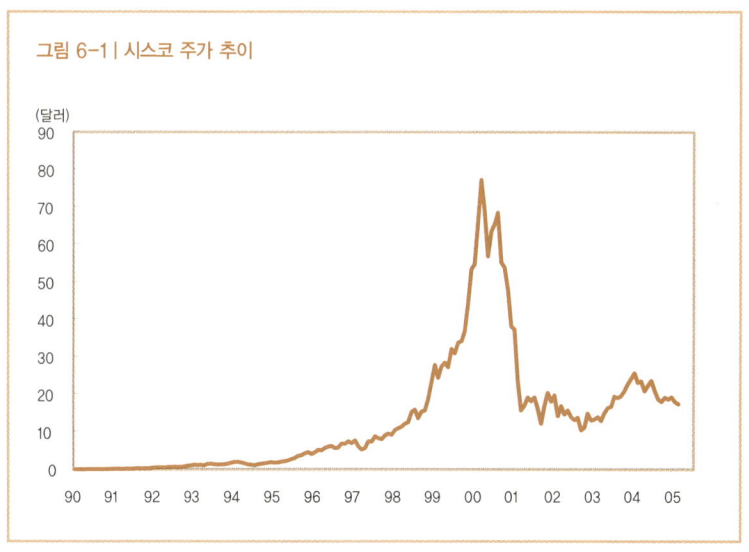

그림 6-1 | 시스코 주가 추이

자료 : Datastream

시만 해도 주당 18달러였고, 초기 투자자는 기관투자자 일색이었다.

새드라와 레너드에 이어 경영권을 물려받은 존 모그리지(John P. Morgridge)는 고객 지향과 위험 감수, 개방적 경영을 전통으로 만들었다. 시스코가 한때 세계 최대의 시가총액을 자랑하게 만든 인물은 존 챔버스(John. Chambers)였다. 그는 1991년 시스코에 입사했다. 그의 경영방침은 성공적인 인수·합병, 고도로 발달된 내부기술, 긴밀한 기업 문화를 바탕으로 시스코를 이끌었다. 특히 인수·합병과 관련한 시스코의 전략은 주목할 만한데, 적이 될 수 있는 가능성이 있는 많은 기업을 끌어들였고 공통된 비전이나 문화를 가진 기업이나 이익을 낼 가능성이 높은 기업을 인수·합병 대상으로 삼았다. 이와 더불어 시스코를 성장시킨 원동력은 기술력이다. 시스코는 인터넷

그림 6-2 | 휴맥스 주가 추이

자료 : 증권거래소

서비스 회사들이 도저히 외면할 수 없는 네트워킹 기술을 바로바로 만들어냈다. 기술은 물론 가격 경쟁에서도 다른 업체를 앞질렀다. 시스코의 인수·합병 전략은 몸집을 키우기 위한 것이 아니라, 신기술을 빨리 자기 것으로 만들기 위한 전략이었다.

시스코의 주가는 1990년 초 0.08달러에 지나지 않았으나, 회사가 본격 궤도에 들어선 1995년 6달러까지 상승했다. IT 테마가 시장을 본격적으로 휩쓴 2000년 3월에는 주가가 77달러까지 올라 10년 만에 100배에 달하는 수익을 올렸다.

우리나라에서 가장 성공한 소형주 중 하나는 휴맥스이다. 휴맥스는 노래방 기기로 자금을 모아 위성방송용수신기(Digital Settop Box)를 들고 1996년 유럽에 진출하여 틈새 시장인 유통시장 공략에 성공했다.

매출에서 수출이 차지하는 비중이 90%를 넘어, 해외 판매가 곧바로 실적으로 이어졌다. 1997년 말부터 디지털 TV방송을 시작한 나라가 늘면서 유럽의 유통시장에서 가장 강력한 위치를 확보하게 되었다. 이어 주된 시장인 방송국 시장에 진입해 중소형 방송사들을 고객으로 확보했다. 휴맥스는 스피드와 원가 경쟁력이 핵심적인 기업 역량이었다. 신제품을 빠르게 출시할 수 있는 연구·생산 능력이 돋보였고, 다양한 제품을 라인업하는 능력을 발휘했다. 탄탄한 해외 네트워크를 구축해 국내 업체로는 보기 드물게 자체 브랜드로 디지털 위성수신기를 판매했다. 판매되는 제품의 80%가 자체 브랜드를 달고 있는데, 여기서 시장 변화에 빠르게 대응할 수 있는 스피드가 나왔다.

휴맥스에 시련이 닥쳐온 것은 2002년 2분기로서 매출이 급감했다. 큰 수출처인 유럽 지역에서 판매가 급격히 줄었기 때문이다. 대규모 납품처인 유럽의 대형 방송사업자 네 곳이 파산 신청을 했고, 신규 경쟁업체들이 속속 시장에 진출하면서 가격 경쟁이 심화됐다. 유럽 시장의 대안으로 공략한 미국 시장에서의 부진도 계속되고 있다. 미국 시장은 위성 방송사가 셋톱박스를 직구매해 소비자에게 나눠주는 경우가 많아 휴맥스가 소니, 필립스 등 유명회사에 밀린 것이다.

한때 6만 4,000원을 호가하던 주가는 넉 달 만에 1만 6,000원까지 떨어졌다.

소형주가 상승하는 시기

소형주가 시장보다 집중적으로 더 많이 상승하는 시기는 두 차례다.

첫번째는 주가가 바닥에서 상승을 시작할 때이다.

경기가 나빠 주가가 하락하고 기업 실적이 악화될 경우, 주식을 매입한다는 것이 상당히 어렵다. 특히 기업 실적이 점점 악화되어 적자나 결손이 나게 되면 자칫 도산할지도 모른다는 공포에 휩싸여 주가가 아무리 낮더라도 '팔 수 있을 때 팔자' 라는 심리가 작용하기 때문이다. 따라서 주가가 바닥권에 있을 때, 특정 종목들의 주가가 지나치게 하락하는 경향이 있는데, 대표적인 것이 중소형주이다.

이러한 상황에서 금융 완화나 재정 정책으로 경기 회복에 대한 기대가 생겨 주가가 경기에 앞서 상승하기 시작하면 지나치게 많이 떨어진 낙폭과대 종목일수록 상승할 가능성이 높다. 즉 주가가 상승으로 돌아서면 주가가 낮아졌다는 것만으로 가격이 상승하는 근거가 된다는 것이다.

두번째는 주가가 올라서 거의 고점에 도달한 시기이다. '경기 순환주' 는 경기가 나빠지면 곧바로 실적이 악화되지만 경기가 좋아지면 반대로 빠르게 이익이 증가한다. 이들 중소형주는 경기가 상당히 좋아졌을 때 우량한 기업보다 더 큰 혜택을 본다. 대부분의 소형주는 가공도가 낮고, 재무 구조가 좋지 않으며 기술력이나 판매력이 떨어지는 업계 3류 기업이나 한계 기업인 경우가 많다. 경기 확대가 장기화되면 신뢰도가 높은 업계 대표기업에 제품을 발주하더라도 주문 폭주로 인해 납기가 늦어진다. 이러한 때에는 신뢰가 약간 떨어지더라도 납기를 맞출 수 있는 2, 3류 기업에서 제품을 사들이거나 발주하는 경우가 많다.

주가가 정점에 도달하는 시점에 투자자들의 판단이 성장성으로 쏠리는 것도 소형주가 상승하는 토양이 된다. 주가가 바닥에서 크게 상승하면 PER와 같은 밸류에이션 지표도 부담스러울 정도로 높아진다. 따라서 현실적으로 발생하는 이익만으로는 더 이상 주가를 설명할 수 없는 단계에 도달해 미래의 이익을 집중적으로 반영하는 단계로 넘어간다. 기업 규모가 큰 대형사의 경우 이익이 빠르게 증가할 수 없어, 성장성에 대한 반영은 주로 소형주를 중심으로 진행될 수밖에 없다.

1995~96년 사이에 우리 주식시장에서 유행한 바 있는 성장주 테마나 2000년의 IT 버블 모두가 성장성을 과다하게 반영하는 과정에서 생긴 것이다.

전문기관을 이용해야하는 소형주 투자

소형주 투자는 다른 어떤 투자보다 위험하다. 투자에 성공했을 때 큰 수익을 올릴 수 있지만 실패할 경우 원금이 모두 사라질 수도 있다. 더 심각한 문제는 소형주의 성장은 상당 기간이 지난 후 가시화된다는 점이다. 일반투자자가 이 상황을 쫓아가려면 해당 업종뿐 아니라, 종목에 대해서도 심도 있는 이해가 필요하다.

이런 능력을 발휘할 수 있는 투자자가 얼마나 될까? 일반투자자 입장에서 소형주 투자는 탐나지만 쉽게 접근할 수 없는 영역이다. 따라서 직접 투자보다 펀드를 이용한 간접 투자를 권하고 싶다.

우리나라는 소형주에만 특화해 펀드를 운용하는 기관이 아직 없다. 따라서 해외 사례를 통해 소형주 펀드의 우수성을 검증해 보는 수밖에 없다.

중소형주 투자의 귀재 폴 손킨(Paul D. Sonkin)

손킨은 콜럼비아 비즈니스 스쿨을 졸업하자마자 중소형 가치주를 전문적으로 취급하는 자산관리회사 Royce & Associates에 입사해 애널리스트 겸 포트폴리오 매니저로 일을 시작했다. 그리고 1999년 이후, Hummingbird Value Fund의 수석 매니저가 됨으로써 중소형주 투자에서 두드러진 성과를 보이는 기초를 닦았다.

손킨이 중소형주에 투자하는 전략은 대차대조표에서 가치를 찾는 것에서 시작한다. 그 중에서도 현금이나 외상매출금과 같은 자산 항목 상위에 있는 것을 선호한다. 순자산을 찾아낼 수 있는 곳을 중소형주로 본 것이다. 대형주는 모든 투자자가 주목하기 때문에 눈에 띄지 않는 가치를 찾기 힘들지만, 소형주는 이런 작업이 가능하다는 것이다.

순자산 기준에는 미치지 못하지만 현금이 풍부한 기업을 찾아낼 가능성은 그보다 더 높다. 손킨이 찾고자 하는 것은, 예를 들어 시가총액 2,000만 달러에 이익이 100만 달러인 기업이다. 이런 기업의 PER는 20배이고, 일반적으로 주가는 싼 편이 아닐 것이다. 그러나 이 기업이 1,500만 달러의 순현금(차입금을 모두 차감한 후의 현금)을 가지고 있다면, 500만 달러로 기업 전체를 매수할 수 있다.

따라서 이 기업의 진짜 PER는 5배(현금 1,500만 달러에서 나온 이자를 순이익에서 차감해야 함)이고, 그렇게 되면 이 기업은 매력적인 투자처가 된다.

이런 기업을 찾아내기 위한 척도로 손킨은 '자본 환원률(cap rate)'을 사용한다. 이것은 시가총액을 구하는 공식에서 분모를 차입금의 시장가치에서 자기 자본의 시장 가치를 가산하고 거기서 현금이나 현금 등가물을 차감한 것이다. 이때 분자는 영업이익(EBIT)에 '1-세율'을 곱한다.

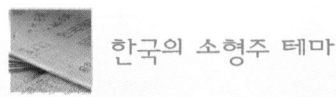 한국의 소형주 테마

소형주 투자와 관련해 뗄래야 뗄 수 없는 것이 테마주다. 중소형주는 하나하나가 시장에 미치는 영향이 워낙 작기 때문에 소형주가 움직일 경우 비슷한 내용을 가지고 있는 기업들이 하나의 군집을 형성하기 때문이다. 이런 점에서 시장에 풍미하는 테마를 정리해 볼 필요가 있다. 물론 분류된 테마주들이 앞으로 계속 첨삭될 가능성이 있지만, 기업 내용이 근본적으로 바뀌지 않는다는 점을 감안하면 큰 변화가 없을 것이다. 소개하는 테마는 그동안 시장에서 지속적으로 화제가 됐거나, 향후 화제가 될 가능성이 높은 것을 중심으로 한다.

1. 무선 인터넷

무선 인터넷이란 이동통신사의 무선망을 기반으로 휴대용 단말기(휴대전화기, PDA 등)를 통해 다양한 정보를 제공하는 산업을 총칭하는 것이다. 크게 무선 인터넷 서비스, 무선 인터넷 장비, 무선 인터넷솔루션, 무선 인터넷 콘텐츠 제공업 등으로 분류된다.

현재 무선 인터넷 서비스는 3대 이동통신 업체를 통해 이루어지고 있으며, 무선 인터넷 솔루션과 무선 인터넷 콘텐츠 제공업은 2.5G CDMA 1x 서비스와 컬러 단말기가 본격적으로 확산되면서 주목받고 있다. 무선 인터넷 솔루션의 경우, 기술적 진입 장벽이 높은

종목명	사업내용
다날	모바일 콘텐츠 및 유무선 결제
소프텔레웨어	이동통신 핵심망 및 서비스망 솔루션 개발, 공급
신지소프트	기타 소프트웨어 자문, 개발 및 공급
야호	휴대전화 벨소리 다운로드 서비스
옴니텔	이동전화 방송 서비스, 문자/음성 정보 서비스 외
유엔젤	벨소리, 캐릭터 등 무선 인터넷 솔루션 제공
지어소프트	모바일 솔루션, 플랫폼, 모바일 서비스 개발
텔코웨어	음성 핵심망 및 무선 데이터 솔루션 제공
필링크	무선 인터넷, 게이트웨이, WAP 솔루션 개발

기반 솔루션 분야의 업체들은 기술 진보에 따른 짧은 교체 주기와 해외 수출로 인해 점차 수익성을 확보하고 있다. 또 응용 솔루션 업체의 경우 콘텐츠 매출을 배분하는 수익 모델을 기반으로 점차 수익성을 확보하고 있는 상황이다.

무선 인터넷 서비스는 기존의 SMS(Short Message Service)에 기초한 무선 데이터 서비스의 형태에서 브라우저를 내장한 단말기를 통한 무선 인터넷 서비스를 진행 중이다.

3G 시대가 다가오고 있어 멀티미디어 서비스까지 무선 단말기에서 가능하기 위해서는 단말기의 빠른 속도 지원, 다양한 화면 색상의 지원 및 고성능 배터리, 빠른 CPU 속도 등 개선되어야 할 부분이 많다. 기존의 휴대전화기 제조업체들은 휴대전화기에 PDA 기능과 나아가 HPC(Handheld PC)의 기능까지 추구하고 있으며, 반면 PDA 제조사에서는 PDA에 CDMA 등을 내장해 휴대전화기와 PDA의 통합을 꾀하고 있어 제조업체 간 경쟁도 치열해질 전망이다.

2. 저PBR 자산가치 우량주

PBR는 주가를 BPS(=(자기자본-무형자산)/기말 발행주식)로 나눈 수치로 PER와 함께 주가의 기본 골격이 되는 지표다. 기업의 자산가치 변화는 실적 변화보다 더디게 이루어진다. 따라서 자산가치가 우수한 기업은 주가에 항상 반영된다고 볼 수 있다. PBR가 1배 미만인 기업을 자산가치 우량한 기업으로 분류한다.

기업의 자산가치는 일시적 테마에 따라 반영되는 경우가 많아 시장흐름에 적합할 경우도 한정해 투자하는 것이 바람직하다. 그러나 경기 수축기에는 경기 민감도가 낮아 상대적으

종목명	CODE	PBR	종목명	CODE	PBR
대원산업	A00571	0.06	유성기업	A00292	0.47
선창산업	A00282	0.18	한국제지	A00230	0.47
만호제강	A00108	0.19	삼양제넥스	A00394	0.53
삼양통상	A00217	0.23	조선내화	A00048	0.54
대한제당	A00179	0.24	삼양사	A00007	0.56
네티션닷컴	A01768	0.25	전기초자	A00972	0.60
세아제강	A00303	0.28	한일시멘트	A00330	0.61
태광산업	A00324	0.31	삼천리	A00469	0.64
대한제분	A00113	0.34	동원F&B	A04977	0.67
한국공항	A00543	0.34			

로 부각될 가능성을 배제할 수 없다.

자산주에는 현금과 투자유가증권 등 현금성 자산이 많은 기업군, 해당 기업의 시가총액이 부동산 가치보다 낮게 평가되는 기업군, M&A 등 경영권과 관련, 주요 주주의 지분율이 낮고 기업의 내재 가치가 저평가되어 있는 기업군 등이 있다.

3. 지주회사

지주회사제 도입으로 경영 투명성 제고 및 배당 메리트 증가가 이루어졌다. 정부의 기업 소유지배 구조개선 작업이 지속적으로 진행될 것이라는 측면도 긍정적으로 작용할 전망이다. 또한 우량 계열사를 보유하고 있는 주요 기업 중 상당수가 국내 최대 주주의 지분

종목명	계열사 현황
금호석유화학	금호산업, 아시아나항공, 금호개발, 금호생명
농심홀딩스	농심, 율촌화학, 태경농산, 농심기획, 농심개발
대림산업	삼호, 고려개발, 폴리미래, 여천NCC
대한전선	쌍방울, 무주리조트, 옵토매직, 케이티씨
대한항공	한국공항, 한진해운, 한진중공업, 한불종금
동부건설	동부한농화학, 동부제강, 동부아남반도체
동양메이저	동양종금증권, 동양매직, 동양시스템즈, 동양시멘트
동원금융지주	동원증권, 동원창투, 동원투신운용, 동원캐피탈, 동원상호저축은행
두산	삼화왕관, 오리콤, 두산중공업
삼성물산	삼성전자, 삼성테크윈, 제일기획, 삼성정밀화학, 삼성SDS, 삼성카드, 삼성에버랜드
삼양사	삼양제넥스, 삼양중기, 삼남석유화학, 삼양화성
신한금융지주	신한은행, 조흥은행, 굿모닝신한증권, 신한카드, 제주은행
오리온	오리온프리토레이, 온미디어, 스포츠토토, 미디어플렉스
우리금융지주	LG투자증권, 우리은행, 경남은행, 광주은행, 우리증권
코오롱	Fnc코오롱, 코오롱인터, 코오롱유화, 코오롱건설
한솔제지	한솔홈데코, 한솔개발, 한솔건설, 한솔EME
한화	한화석화, 한화개발, 대한생명, 한화건설
CJ	CJ푸드시스템, CJ엔터테인먼트, CJ투자증권, CJ인터넷, CJ홈쇼핑
GS	GS칼텍스, GS유통, GS홈쇼핑, GS마트
LG	LG전자, LG텔레콤, 데이콤, LG화학, LG생활건강, LG생명과학

율보다 외국인 지분율이 높다는 점도 우량 계열사 지분 관련주에 대한 관심을 높이는 요인으로 작용할 전망이다.

4. 휴대 인터넷(WiBro : 와이브로)

와이브로 서비스는 언제, 어디서나 이동 중에 높은 전송 속도로 인터넷에 접속할 수 있도록 해주는 서비스다. 초기에는 노트북을 대상으로 서비스를 제공하고, 정착된 후에는 PDA, 휴대전화기 등으로 확대할 계획이다.

요금은 정액제에 총량제를 가미한 부분 정액제를 도입할 예정이며 월간 사용하는 것을 기본으로 한다. 경쟁 서비스라 할 수 있는 WCDMA와의 관계에 따라 시장이 확대 또는 축소될 수 있다.

와이브로 시장에 대한 정부의 지원도 적극적이다. 2005년 정보통신부의 최우선 정책은 신규 사업을 통한 경제 활성화에 초점이 맞춰져 있다. 와이브로는 경제 활성화 관점에서 기대 효과가 매우 큰 사업이기 때문에 정부의 적극적인 시장 조성 노력이 예상되는 부문이다.

와이브로 사업 실시는 관련 사업에도 순차적인 혜택이 예상된다. 즉 인프라 구축에 따라 통신 장비, SI/SW 업체, 와이브로 서비스가 개시되면 인터넷, 미디어, 콘텐츠 업체들의 수혜가 예상된다.

종목명	사업 내용
단암전자통신	휴대 인터넷용 소형기지국 시스템 개발
삼성전자	국산 와이브로 시스템 구축
에이스테크	KT와 휴대 인터넷용 중계기 개발
지에스인스트	휴대전화기용 선형전력 증폭기를 주력 제품으로 개발
포스데이타	휴대 인터넷 관련 미국의 Wabel 테크놀러지와 기술제휴 체결
퓨처인포넷	무선통신 네트워크 핵심 솔루션 및 플랫폼 공급
한텔	하나로 통신과 중계기 개발
C&S마이크로	KT와 휴대인터넷 중계기 개발
EASTEL	KT와 휴대인터넷 중계기 개발
KT	휴대 인터넷 주요 사업자 선정

5. LCD와 PDP 관련주

TFT-LCD(Thin Flim Transistor Liquid Crystal Display)에서 LCD란 2개의 얇은 유리 기판 사이에 고체와 액체의 중간 물질인 액정을 주입하여, 상하 유리 기판 위에 전극의 전압차로 액정 분자의 배열을 변화시킴으로써 명암을 일으켜 숫자나 영상을 표시하는 소자를 말한다. 삼성전자와 LG필립스LCD에서 생산하는 TFT는 능동형 방식이다.

전체 LCD 판매 대수의 60% 정도를 차지하는 모니터용 LCD 가격이 과도하게 하락한 것으로 판단되어 가격 반등 가능성이 높은 국면에 접어들었다. 그러나 대형 TV의 수요 확대에도 불구하고 PDP 등 이종 디스플레이와의 가격 경쟁력에서 LCD가 유리한 고지에 설 수 있을지는 의문이다.

PDP(Plasma Display Panel)는 벽걸이 TV로 흔히 얘기되고 있는 미래형 디지털 영상 디스플레이다. PC, Video, HD-TV 등 다양한 입력 신호와 연결되어 기존 영상 디스플레이 장비보다 밝고 선명한 고화질의 영상을 재현할 수 있으며, 특히 40인치 이상의 대형 화면을 10㎝ 이하의 얇은 두께로 구현할 수 있어 공간 활용 및 미적 디자인 면에서 매우 큰 장점을 지니고 있다.

관련 산업	종목명
LCD 재료/부품	금호전기, 나노하이텍, 디에스엘시디, 레이젠, 삼진앨엔디, 새로닉스, 세진티에스, 신화인터텍, 에스엔티, 에이스디지텍, 엘앤에프, 우리조명, 우주일렉트로닉스, 유아이디, 이라이콤, 일진디스플레이, 태산엘시디, 파인디엔씨, 하이쎌, 한국트로닉스, LG마이크론, LG필립스LCD
LCD 장비	넥스트인스트루먼트, 디엠에스, 로제시스템즈, 미래컴퍼니, 반도체ENG, 에스엔유, 에쎌텍, 오성엘에스티, 케이아이엔지, 코닉시스템, 탑엔지니어링, 태화일렉트론

쇼츠&웰링턴 매니지먼트(Shorts and Wellington Management Company)는 미국의 대표적인 소형주 투자 전문기관이다. 이 기관은 투자 철학으로 "소기업은 대기업에 비해 위험도가 크기 때문에 분산 투자해야 한다"고 설정했다. 이에 따라 3억 달러 규모의 펀드에 적정한 편입 종목으로 220개 내외를 추천하고 있다.

쇼츠는 투자를 통해 알아낸 경험으로 "소형주는 주기를 갖고 있다. 소형주는 대형주에 비해 약 5년 주기로 높은 수익을 내고, 그 후 평균 5년 간은 대형주의 수익률을 밑돈다. 1991년 소형주 수익률은 놀라운 것이었다. 1990년에 소형주에 눈 뜬 투자자라면 상당한 수익을 올렸을 것이다"라고 얘기했다.

그는 소형주 투자자는 인내할 필요가 있는데, 그 인내는 성장기에 수익 급증으로 보상받을 수 있다고 말했다. 그러나 소형주 투자는 기업의 장기 전망에 대한 가치를 구입하는 것이기 때문에 그 사업이 수요에 부합하는 만족할 만한 것인지를 자문할 필요가 있다. 그러고 나서 수치를 다시 직시하면 성장과 수익이 드러난다.

매도 시기를 정확하게 아는 것은 언제 사야 하는지를 아는 것만큼 중요하다. 쇼츠는 다른 회사에 인수된 회사, 성숙기에 진입한 회사, 그리고 포트폴리오 내에서 비중이 과대해진 회사의 주식을 선별하여 처분했다.

대형 운용기관이 갖고 있는 소형주 펀드 중에서도 뛰어난 성적을 올린 경우가 있다. 대표적인 것이 푸트남 보이저 펀드(Putnam Voyager Fund)이다. 펀드 평가기관 〈리퍼 서비스〉에 따르면, 지난 10년 간 푸트남의 소형주 펀드는 367개 주식 관련 펀드 중 상위 5%에 랭크되어 왔다.

 푸트남은 기업의 주가에 반영될 숨겨진 가치에 초점을 맞추며, 평균 보유 기간은 2년 또는 그 이상에 달하고 있다.

방어주 투자

주식시장과 경제가 호황에서 불황으로 사이클이 바뀌면 성장주에서 경기 수축기에 내성이 강한 기업이나 산업으로 포트폴리오를 교체하는 것이 좋다. 많은 경우 방어적인 주식은 꼭 필요한 상품이나 서비스를 공급하기 때문에 경기 후퇴기에도 실적이 괜찮다. 아무리 경제 여건이 악화되더라도 사람은 여전히 먹어야 하고, 출퇴근도 해야 하기 때문이다. 경영 현장에서 거의 또는 거의 부채가 없고, 적절한 현금과 시장점유율을 가지고 있으며, 견실한 매출과 이익을 내는 회사들은 경제와 주식시장이 침체되더라도 그 순환에 관계없이 적정한 수익을 올리는 경우가 종종 있다. 따라서 브래들리 터너(Bradley Turner)가 말한 바와 같이 방어적인 주식에 투자하는 것은 '기업의 질(質)에 초점을 맞추는 것'이다.

공공사업 주식으로 피난

불황일 때 투자자가 위험을 피할 수 있는 주식 중에서 공공사업주는 가장 확실한 대상이다. 다시 말하면 공공사업주는 경기 수축기에 안전하게 머물 수 있는 피난처를 제공한다. 게다가 배당도 괜찮아서 매력적인 수익을 제공하기도 하며, 경제가 다시 활기를 띠면 공공사업의 이용 증가로 인해 매출과 이익 그리고 자본 차익이 증대한다.

경기가 침체되어 있을 때 민간 기업은 생산을 늘리기는커녕 재고를 늘리는 것조차 망설인다. 그래서 정부가 민간 기업을 대신하여 재정 규모를 확대하거나 제도를 바꾸어 민간의 경제활동이 활성화되도록 대형 프로젝트를 시행하거나 공공시설에 대한 투자를 감행한다. 이러한 재정투융자와 관련 있는 업종 및 기업이 주식시장에서 인기를 얻는다. 토목·주택 등 건설주와 대형 부동산과 관련된 종목에 순환매가 일어나기도 한다.

그 밖에 불황에 대한 저항력이 있는 업종으로 임대빌딩·부동산·식품·의약 등의 업종을 들 수 있다.

적은 부채 또는 부채가 없는 회사 선택

적은 부채 또는 부채가 없는 회사들은 방어적인 투자자에게 또 하나의 안전한 피난처이다. 우량한 차입 구조를 가진 회사들은 경기 위축기에 대처하는 데 유연성이 있어 부채와 이자 지급 부담을 가진 경쟁자에 비해 운용상 이점이 있다. 낮은 차입 구조는 경기 후퇴 위험에 대해서도 상당 정도 방어막을 제공한다. 비록 매출 격감과 이익 감소가 있더라도 그것을 견뎌낼 자원과 힘을 가지고 있기 때문에, 경기가 개선되면 빠르게 상승할 수 있는 능력이 있는 것이다.

롯데제과를 예로 살펴보자. 동사는 2002년 말 현재 3,000억 원의 부채를 안고 있는데, 이 중 상당액이 영업 관련한 유동부채로 이루어져 있다. 부채비율은 45.6%로 3년 만에 60%P가 떨어졌다. 롯데제과의 주가는 경기 상승기 때에 시장수익률에 미치지 못하다가 경기가 조정에 들어가면 뚜렷이 초과 수익을 올리는 패턴을 반복했다. 이는 우선 제품이 경기에 크게 영향을 받지 않는다는 장점이 있고, 시장점유율이 1위일 뿐 아니라, 부채가 많지 않아 불황기에 대응할 능력이 뛰어나기 때문이다.

미국에서 이에 해당하는 예로 필립모리스를 꼽을 수 있다. 동사는 담배 전문 회사에서 종합 음식료 회사로 탈바꿈하면서 마이클 마일스(Micheal Miles)를 사장으로 채용했는데, 그가 회사 최초의 비담배 출신 사장이었다. 마일스 사장은 음식료 부문 경험을 바탕으로 회사를 더욱 다각화해 경기 부침에 덜 영향을 받는 기업으로 키웠고, 제너럴 푸드(General Foods), 크래프트(Kraft), 제이콥스 스커드(Jacobs Suchard) 등을 합병해 생산활동을 증가했다.

필립모리스는 다른 경기 방어주와 같이 고배당을 실시했다. 1987년 주당 75센트를 배당한 이후, 1992년에는 3배 이상 증가한 2.1달러를 배당했다. 이처럼 동사는 양호한 이익 전망과 현금흐름을 바탕으로 주식 분할을 시도하는가 하면 불황기에도 높은 수익을 올려 투자자들에게 많은 사랑을 받고 있다.

전환사채 선택

자산의 일부를 주식에서 전환사채로 바꾸면, 또 다른 방법으로 주가

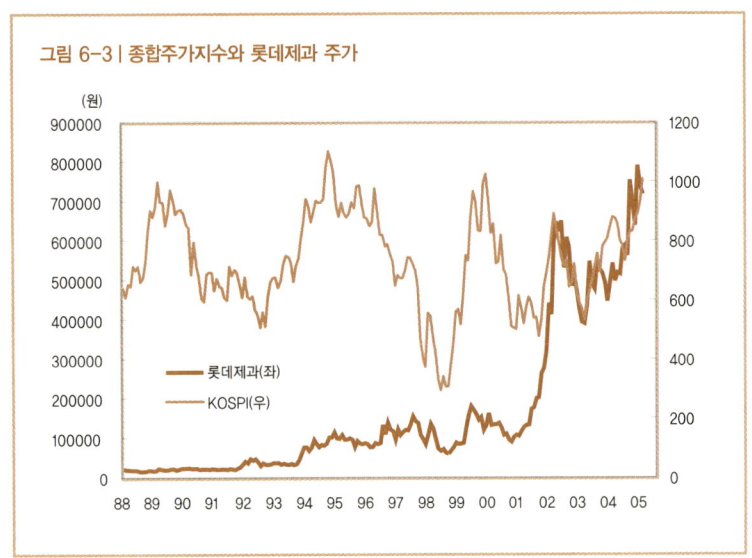

자료 : 증권거래소

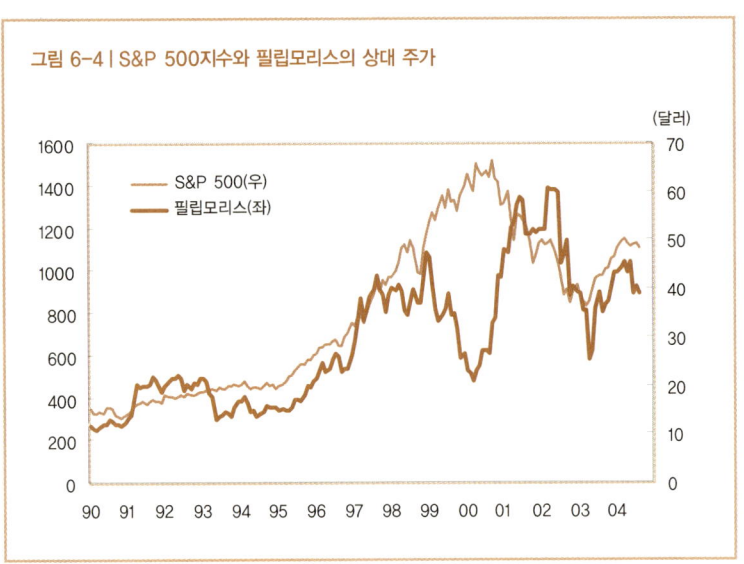

자료 : Datastream

하락을 방어할 수 있다. 전환사채는 주식과 채권의 좋은 면만을 모은 혼합 상품이다. 전환권에 대한 보증이 있기 때문에 전환사채와 전환 우선주는 특별한 기한과 조건 하에 소유자의 취사 선택에 따라 보통주로 바꿀 수 있다.

전환비율은 전환 유가증권의 양도로 소유자가 받는 주식의 수로 계산한다. 전환 가격은 전환이 발생했을 때 보통주로 지불되는 가격이다. 전환 유가증권은 고정된 이자를 지급받기 때문에 매수 이후 수익률이 일정하다.

기초가 되는 보통주의 가치가 상승할 때까지는 매력적인 투자수익률이 발생하지 않지만, 이자 소득 수입에 따라 전환사채의 시장 가치가 유지되기 때문에 전환사채 가격은 기초가 되는 보통주보다 천천히 또 적게 떨어지는 것이 일반적이다.

반대 쪽에서 보면, 전환사채를 보통주로 전환할 수 있기 때문에 기초 주식의 가격이 전환 가격에 이르면, 전환사채의 가격이 올라간다. 이처럼 혼합적인 성격 때문에 전환사채는 투자자에게 경기 후퇴기 동안에는 기다리면서 일정한 수익을 얻게 하고, 경기 확장기에는 보통주로 바꾸어 가격 상승에 동참할 수 있는 기회를 부여한다.

전환사채는 높은 수익과 시세 상승을 제공하는 것 외에 주식보다 우선적인 몇 개의 권리를 갖고 있다. 먼저 전환사채의 이자와 전환 우선주의 배당은 언제나 일반 보통주의 배당보다 먼저 지불된다. 기업 청산과 도산시에도 보통주보다 회사 자산에 대해 우선 청구를 할 수 있는 권리를 보유하고 있다. 전환사채를 발행하는 회사는 할증금을 제공하는 회사부터 초우량 기업에 이르기까지 다양하다. 회사들은 전환사채가 일반적으로 정통 채권이나 우선주보다 낮은 표면 금리나 배당률을 지니고 있어 전환사채를 선호한다.

전환사채에 투자할 때는 발행 기업의 과거 행적, 실질 내재가치, 미래 전망 등을 분석하는 일이 중요하다. 아울러 전환 기간과 조건에도 주의를 기울일 필요가 있다. 일반사채와 마찬가지로 발행 회사가 만기 전에 되사든지, 아니면 전환주식을 살 수 있는 권리를 허용하는 상환 조항이 있는 전환사채도 일부 있다. 만약 전환 유가증권이 콜 행사가격보다 위에서 거래되면, 투자자는 지불액과 상환 가격의 차이에서 오는 손실을 입을 수도 있다. 콜 행사가격과 가장 빠른 콜 행사 일을 조사해야 한다.

주변에서 회사를 찾기

피터 린치(Peter Lynch)의 《전설로 떠나는 월가의 영웅》을 보면 주식투자와 전혀 상관없을 것 같은 노인들로부터 투자에 대한 아이디어를 얻는 이야기가 나온다. 그는 주변 슈퍼마켓에서 잘 팔리는 제품을 눈여겨보았다가, 그 제품을 생산하는 기업에 투자하는 것으로 가장 방어적인 주식을 선택하는 방법론을 세운 것이다.

이런 투자가 왜 유효할까?

경기 활황기에는 주가가 재료에 민감하기 때문에 어떤 제품이 잘 팔린다는 소문이 투자자의 귀에 들어오기 전에 주가에 반영된다. 그러나 불황기에는 사정이 다르다. 투자자들은 다른 기업의 부진을 염두에 두고 '좋아지면 얼마나 좋아지겠어'라는 생각을 갖고 투자를 미룬다. 주가는 이때부터 움직이기 시작해 경기가 회복될수록 오름세가 빨라지는 것이 일반적이다.

태평양을 예로 들겠다.

외국 화장품 회사의 진출로 극심한 불황을 겪던 태평양은 1999년에 대대적인 구조조정과 함께 판매조직 정비에 착수했다. 이른바 방문 판매가 그 것인데, 그 효과가 2001년부터 서서히 나타나기 시작했다. 경기 침체기를 맞아 다른 기업은 모두 이익이 감소했지만 태평양은 큰 폭의 이익이 증가했고, 태평양 제품이 잘 팔린다는 입 소문은 경기가 회복되면서 6배 이상의 주가 상승으로 결과했다.

우리나라의 대표적 방어주

① 도시가스 주식

우리나라에는 총 32개 도시가스 업체가 있다. 이 중 28개 업체가 LNG를 공급하고 있으며, 4개 업체가 LPG를 제조·공급한다. 도시가스 사업자는 한국가스공사로부터 천연 가스를 공급받아 적정 공급비용(마진)을 더해 소비자에게 최종 판매한다.

도시가스 업종의 특징은 경기에 대해 둔감하다는 점이다. 경기가 호전됐다고 해서 가스 사용이 크게 늘지 않고, 반대로 경기가 둔화되어도 크게 줄지 않는 모습을 갖고 있다. 동 업종의 매출은 경기보다 기온 변화에 민감하게 반응한다. 도시가스가 난방연료로 사용되는 비중이 크기 때문인데, 전체 도시가스 매출의 54%가 난방용인 반면 산업용, 취사 및 영업용은 각각 27%와 7%에 지나지 않는다.

업체별로도 매출이 일정해 어떤 특정 업체의 비중이 갑자기 늘어나지 않는 과점 형태의 전통적인 모습을 지니고 있다. 업체 간 변화라고 해야 삼천리와 부산도시가스의 경우 난방용과 산업용 매출이 고르게 분포된 반면, 대한도시가스는 난방용 매출이, 경동가스는 산업용도시가스 매출이 높은 정도이다. 따라서 도시가스 업종 주가의 특징은 상당수 투자자들이 배당수익을 목적으로 삼는다는 점과 이익의 예측성이 높아 주가의 변동성이 작다는 특징을 지닌다.

② 전력산업

전력산업은 국민생활에 직접적으로 영향을 주는 공익사업으로 막대한 시설 투자를 필요로 하기 때문에 불필요한 경쟁과 공급 설비의 중복 투자를 방지하기 위해 독점권을 부여하는 것이 일반적이다. 따라서 적정수익 이상의 초과 수익이 발생할 경우 정부가 가격을 통제한다. 또 독점이라는 높은 진입 장벽 탓에 신규 진입이 불가능하고 수익의 원천이라고 할 수 있는 요금이 투자 보수율에 근거해 산정되며, 신규 투자 지출에 대해서는 기존의 수익률을 보장받을 수 있어 안정적인 수익 확보가 가능하다. 한편 전력산업이 경기에 비교적 덜 민감하다 해도 경제 상황에 따라 에너지 소비가 달라지는 것이 사실이다. 그러나 수요처별·사용량별·계절별로 요금차별화 정책을 사용하기 때문에 수익은 비교적 안정된 모습을 보이고 있다. 전력산업은 가스산업과 마찬가지로 강한 계절적 특성을 갖고 있는데 하절기, 특히 7~8월에 수요 비중이 높다. 이는 하절기 기온 상승시 가정용 및 상업용 수요에서 에어컨 가동 등의 영향으로 냉방용 전력 수요가 증가하기 때문이다.

그림 6-5 | 방어주 - 한국전력

자료 : 증권거래소

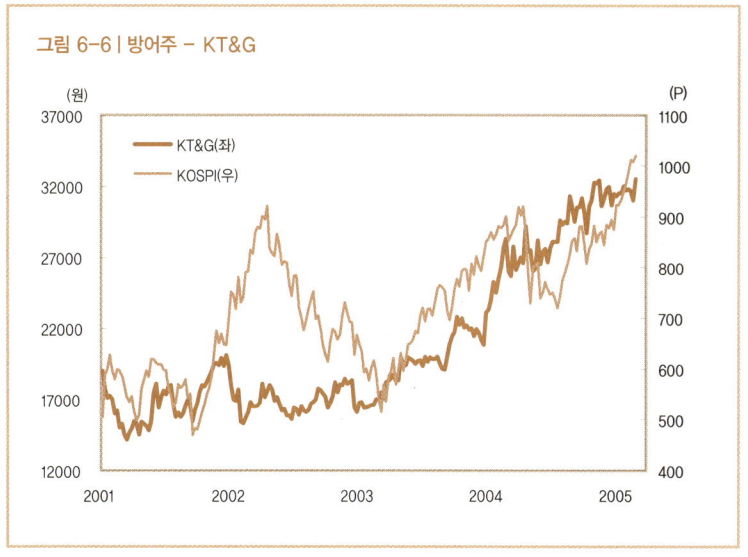

그림 6-6 | 방어주 - KT&G

자료 : 증권거래소

07 주가순환에 맞춘 투자법

이제는 주식시장 상황에 따라 앞에서 살펴본 여러 그룹 중 어떤 주식을 매수해야 하는지 알아보자. 이 과정은 주가순환에 따라 주도주를 선택하는 과정과 일맥상통한다.

주식시장은 경기와 금리에 따라 순환한다. 경기가 회복될 즈음 바닥을 만들고 상승하기 시작한 주가는 낮은 금리와 잇따른 경제지표 호전을 바탕으로 오르는 속도가 점점 빨라진다. 기업 실적이 두드러지게 좋아지는 때를 전후해 주가가 정점을 형성하고, 이후는 경기 호전에도 불구하고 주가가 약세에서 벗어나지 못하는 상황이 계속된다.

주가가 순환할 때 다른 종목보다 훨씬 상승률이 높거나, 하락률이 큰 종목이 생긴다. 이는 해당 종목이 갖고 있는 영업환경 때문인데,

어떤 기업은 제품의 수요가 경기에 민감해 경기가 좋아질 때 높은 주가 상승을 기록하는가 하면, 또 다른 기업은 제품에 대한 수요가 경기와 상관없이 꾸준해, 경기가 나쁠 때 상대적으로 유리한 종목도 있다.

투자 시기를 고려해야 하는 7개 그룹

앞에서 살펴본 7개 그룹(가치주, 성장주, 경기 관련주, 배당 관련주, 현금 흐름 우량주, 소형주, 방어주)은 주가가 오르내리는 시기가 다르다.

먼저 시장 상황에 따라 투자 시기를 달리해야 되는 그룹이다. 경기 관련주와 성장주, 소형주, 방어주가 여기에 속한다.

경기 관련주는 경기가 회복되는 초기에 사서 경기 회복이 정점에 도달해 시장이 약세로 기우는 시점에 파는 것이 가장 효과적이다. 반면 소형주는 대부분의 경우, 상승이 처음 시작될 때나 대세 상승이 한창 진행되어 현실적으로 발생한 이익과 1~2년 내에 생길 수 있는 변화를 주가가 모두 반영한 때, 종합주가지수로 보면 정점 부근에 다시 상승한다. 대세 상승 후반에 강한 형태이다. 방어주는 주가 하락기에 권장할 만하다. 다른 주식보다 경기에 대한 내성이 강하기 때문에 시장이 약세라고 해도 좀처럼 주가가 떨어지지 않는다. 반면 주가 상승기에 이들이 오르는 속도는 다른 주식에 비해 현저히 떨어진다. 따라서 투자 시기를 선정하는 것이 무엇보다 중요하다. 성장주는 기본적으로 성장성이 지속되는 한 투자해야 하지만, 특정 기업의 성장성이 두드러지는 시기가 경기 상승기여서 투자 시기를 달리해야 하는 주식으로 분류한다.

두번째는 시장 상황에 관계없이 지속적으로 투자해야 하는 그룹으로 가치투자 주식과 현금흐름 우량 기업을 꼽을 수 있다. 이들 역시 시장 상황에 따라 특정 시점에 주가가 강세를 보이기도 하지만, 투자 철학을 장기간에 걸쳐 시장보다 초과 상승하는 쪽에 맞추는 것이 좋다.

세번째는 연간으로 일정 기간에만 투자하는 그룹이다. 배당 관련 주식이 여기에 속한다.

경기에 민감한 업종들

시장 상황에 따라 투자시기를 달리해야 하는 경기 순환주와 방어주를 업종별로 분류하면 〈표 7-1〉과 같다.

① 경기 순환 관련 에너지 산업에 속하는 기업의 주가는 경기보다 에너지 가격, 예컨대 석유나 가스 가격에 따라 결정된다. 그러나 에너지 산업은 소재 산업과 마찬가지로 고정비가 높은 특성을 지니고 있다. 따라서 경기가 좋아져 에너지 소비가 늘어날 경우 가동률이 높아져 추가적으로 들어가는 비용보다 월등히 높은 이익을 창출해낼 수 있으므로 경기에 민감한 업종이다.

경기 동향 이상으로 에너지 관련 기업 주가에 영향을 미치는 것은

표 7-1 | 업종별로 분류한 순환주와 방어주

구 분		관련 주식 및 특징	강세 시기	약세 시기
순환주	Energy (cyclical only)	경기 순환과 밀접하게 관련	강세장 초기	약세장 초기
	Transportation		강세장 초기	약세장 초기
	Credit Cyclical	건축 관련주, 이자율에 민감하여 이자율 하락시 성과가 가장 좋음	강세장 초·중기	약세장 초기·중기
	Consumer Cyclical	내구소비재와 비내구재 이익이 경기 순환에 따라 변동됨	강세장 초·중기	약세장 초기·중기
	Capital goods (cyclical only)	설비사용 관련주	강세장 중·후기	약세장 후기
	Financial	은행·보험	강세장 후기 약세장 후기	강세장 초기
	Basic Industries	이익이 산업 설비 사용에 의존. 가격이 경기 정점에 가까워질 경우 공급 부족에 따라 상승하는 특징을 지님	경기 정점이나 약세장 초·중기	강세장 초기·중기
방어주	Defensive Consumer Staples	변동이 적은 소비재	약세장 후기	강세장 초기
	Energy (defensive only)	석유 관련주		
	Utility			
성장주	Consumer Growth	화장품, 음료, 제약 - 성장 및 방어적인 특징을 동시에 지님	화장품·음료·제약 은 강세장 후기 그 외 강세장 초기	순환 패턴이 없음
	Capital Goods (Technology & Capital goods)	설비투자 순환과 관련 경기 순환보다 후행하는 성격	강세장 초·중기	약세장 후기
	Energy (growth only)	경제순환 및 석유수급 동향과 관련	강세장 초기이나 가변적	가변적

PART 2 7가지 종목별 투자 전략 183

에너지 가격 등락률이다. 석유회사는 1974년과 1979년 두 차례의 오일 쇼크를 넘기면서, 유가가 오르더라도 이를 완제품 가격에 반영할 수 있는 구조를 만들었기 때문에 유가 수준이 주가에 큰 영향을 미치지 않는다. 그러나 에너지 관련 기업은 사정이 다르다. 아직은 에너지 가격 변화를 제품 가격에 완전히 전가시키지 못한다. 따라서 경기 회복 초기에 에너지 가격이 안정적일 경우에 많은 이익을 내는 구조를 갖고 있다.

운송 업종은 육·해·공을 막론하고 많은 고정 자산을 갖고 있다. 항공운송 회사는 비행기가, 해상운송 회사는 물동량을 해결할 수 있는 배가 그 대상인데, 이 고정 자산 때문에 운송사 주가는 경기에 민감하게 반응한다. 항공사를 예로 들어 보자.

경기가 침체될 경우 운송 수입이 떨어져 항공사들이 고정비는커녕 변동비조차 감당하지 못하는 경우가 발생한다. 반대로 경기가 좋아지면 정해진 비용을 훨씬 초과하는 운임 수입을 얻을 수 있다. 한편, 고정 자산이 운송 산업의 진입장벽 역할을 해 주가의 진폭을 크게 하는 요인이 되고 있다. 엄청난 고정비 때문에 경기가 좋아지더라도 다른 기업이 섣불리 운송쪽에 참여할 수 없으므로 경기 회복기 때에 수익성이 빠르게 회복된다.

기초 및 경기 순환 관련 산업재의 대표는 철강·반도체·화학주 등이다. 이들은 그 제품이 1차 가공품이든 중간재이든 상관없이 경기에 매우 민감하게 움직인다. 기초 및 산업 소재를 생산하는 기업들은 일반적으로 대규모 설비투자를 갖고 있어, 경기가 좋아지더라도 신규 참여자가 참가해 생산을 늘리는 데 한계가 있다. 따라서 이

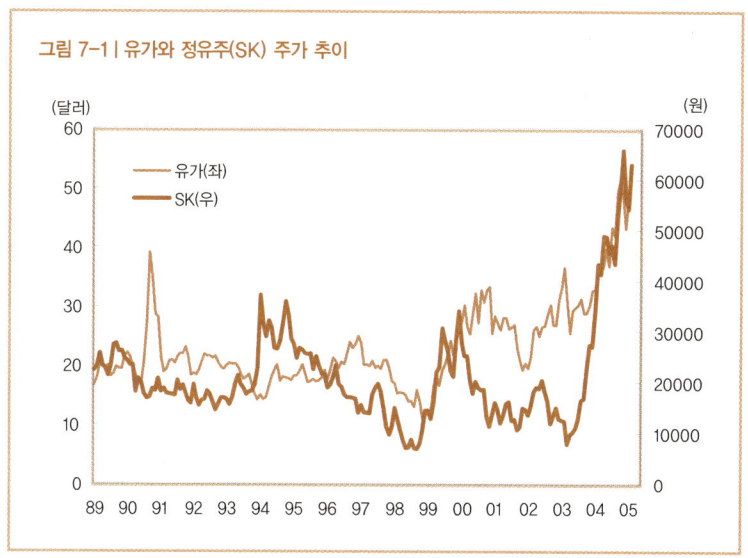

그림 7-1 | 유가와 정유주(SK) 주가 추이

자료 : 증권거래소

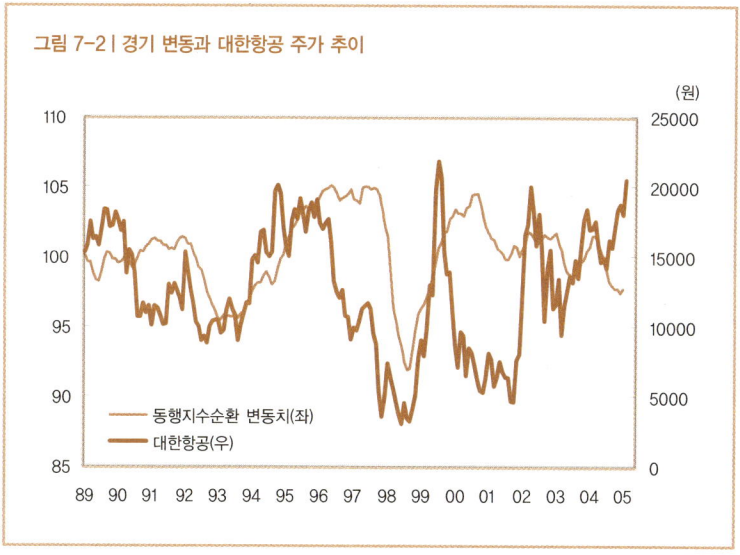

그림 7-2 | 경기 변동과 대한항공 주가 추이

자료 : 통계청, 증권거래소

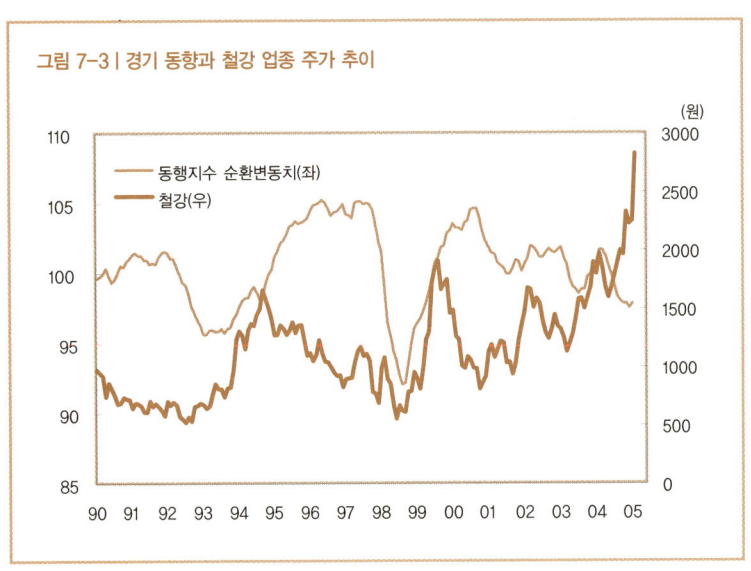

그림 7-3 | 경기 동향과 철강 업종 주가 추이

자료 : 통계청, 증권거래소

들 업종은 경기가 나빠지면 가동률이 낮은 수준으로 떨어지지만, 경기가 좋아지면 곧바로 가동률을 높여 변동비 이상의 이익을 창출할 수 있기 때문에 경기 회복 초기부터 높은 이익 증가율을 보이는 것이 일반적이다.

이 같은 점은 가격 동향에서도 나타나는데 경기가 회복되고, 가동률이 높아질수록 공급자가 가격을 조절할 수 있는 힘이 점점 강해지는 특징을 갖는다. 이런 가격 협상력 우위는 앞서 얘기한 바와 같이 기초 및 산업소재 업종이 대규모 설비에 기초한 진입 장벽을 갖고 있기 때문에 나타난다. 공급자가 이렇게 가격 협상력을 갖는 단계가 되면 발생하는 비용의 상당 부분을 수요자에게 떠넘길 수 있어 원자재 가격 상승에 따른 부담도 느끼지 않게 된다.

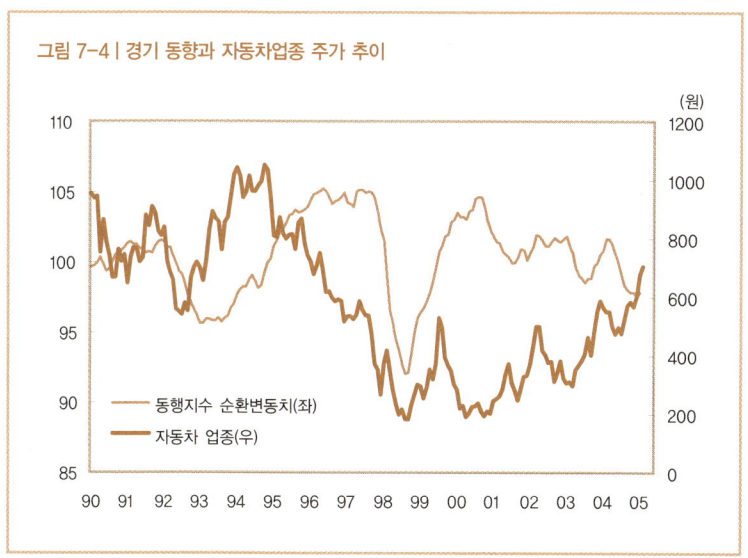

그림 7-4 | 경기 동향과 자동차업종 주가 추이

자료 : 통계청, 증권거래소

　주식시장에서 이런 예를 쉽게 찾아 볼 수 있다. 1992년 8월, 주가가 3년 동안의 약세를 딛고 상승하기 시작했다. 회복 초기에 시장을 주도한 기업은 LG화학, 호남석유화학, 포항제철 등이었는데, LG화학과 호남석유화학은 기초 화합물, 포항제철은 철강이라는 기초 소재를 만드는 공통점을 갖고 있었다. 주가가 저점을 만든 후 8개월이 흐른 1993년 2월부터 경기가 회복세를 보이기 시작했으므로 기초 및 산업 소재 업체의 주가가 상승한 것은 경기 회복에 따른 자연스런 반응이라고 볼 수 있다.

　업종 분류가 세분화되어 있는 미국 주식시장에서도 기초 및 산업 소재 업종이 경기에 가장 민감한 반응을 보인다.

　아시아 국가들이 철강의 대량 생산에 성공한 이후 미국에서 해당 산업은 사양 산업으로 전락했다. 그러나 이런 치명적인 약점에도 불구하고 주가는 경기가 회복될 때에 시장보다 높은 수익을 올렸다. 그 이유는 철강 산업 주가가 경기에 대단히 민감하게 움직였기 때문이다. 철강보다 주가가 경기에 민감한 업종이 화학이다. 화학 업종은 경기가 저점에서 회복되는 국면에 최고의 수익을 올리는데, 가끔 화학 업종이 경기 회복보다 한 분기 이상 빠르게 바닥을 만들기 때문에 경기를 예고해 주는 역할을 하기도 한다.

기계나 사무기계 같은 설비투자 관련 산업재는 경기가 무르익은 후에 주가가 본격적으로 상승한다. 경기가 침체에서 벗어나는 초기에는 기업들이 기존에 갖춘 설비의 가동률을 높여 대응하는 것이 일반적이다. 그러나 주문이 폭주해 현재 설비로 주문을 모두 해결할 수 없을 경우 새로운 투자에 들어가고, 이때부터 산업재를 생산하는 기업들이 호황을 맞는다. 이와 같은 업종 성격 때문에 산업재를 생산하는 기업의 수익은 경기에 다소 후행하는 모습을 보인다. 즉 산업재 생산기업의 주가 정점은 상승이 늦게 시작된 만큼 전체 경기의 정점을 지난 이후에도 계속되는 것이 일반적이다.

자동차 · 가구와 같은 내구소비재 역시 경기에 민감하게 반응한다. 미국의 예를 들어보면 1960년대 중반에서 1980년대까지 미국 자동차 업계가 점유율의 상당 부분을 일본에 빼앗기는 최악의 국면에서도, 경기가 좋을 때 자동차 업종 주가가 시장 지수보다 분기당 3% 이상 초과 수익을 올렸다.

한편 내구소비재는 경기 동향 이상으로 가처분 소득에 따라 영향을 받는다. 가처분 소득은 '경기 회복 → 기업수익성 호전' 이후 늘어나기 시작하므로, 내구소비재 주가도 경기에 비해 비교적 늦게 상승하는 것이 일반적이다.

경기 방어 업종들

매년 안정적인 성장을 기록하는 주식은 경기 변화에 둔감하게 반응하는 것이 일반적이다. 따라서 경기가 좋을 때는 이들 주식이 시장보다 낮은 수익에 그치지만, 경기가 둔화된 후에는 시장보다 높은 수익을 올리는 경우가 많다. 한편 방어주에 속하는 기업들은 제한된 가격 결정력 때문에 물가가 상승하는 동안에는 수익성이 저하되고, 물가가 안정되면 수익성이 좋아지는 경향을 보인다.

1. 의약 및 건강관련 산업과 화장품

의약과 화장품은 전통적인 방어주로서 시장이 약세일 때 종합주가지수보다 월등히 높은 수익을 올린다. 한편 우리나라에는 없지만 미국에서는 병원과 헬스케어 기업들이 지난 수년 간 경기 둔화기나 호황기 모두에 시장보다 높은 수익을 거두었다. 이는 미국 정부가 헬스케어 부문에 예산 배정을 늘려, 특수를 누림으로써 생긴 일시적인 현상이다.

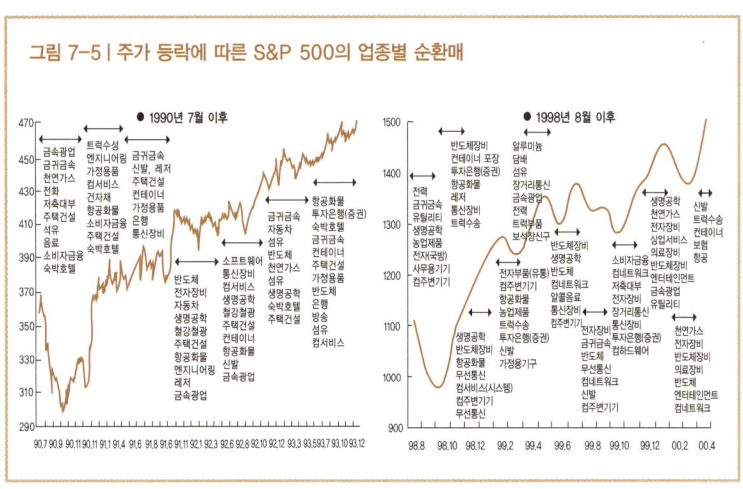

그림 7-5 | 주가 등락에 따른 S&P 500의 업종별 순환매

2. 생필품 업종

식품·음료·주류·담배 등을 생산하는 기업은 경기의 호불황과 관계없이 영업 실적에 약간의 진폭만 있다. 이에 따라 주가 역시 이익에 영향을 받아 심하게 위축되거나 좋아지지 않는 것이 일반적이다. 생필품 업종도 앞의 제약주와 마찬가지로 시장이 하락할 때 초과 수익을 얻을 수 있는 대표적인 업종이다.

우리나라 생필품 업종의 경기 방어력은 이미 검증됐는데 롯데제과, 롯데칠성 등의 기업은 주가 하락기에 시장 대비 높은 초과 수익을 올리는 것으로 정평이 나 있다.

3. 유틸리티 주식

우리나라에 가장 대표적인 유틸리티 주식은 한국통신과 한국전력이다.
　유틸리티 주식은 공공재(公共財) 성격을 지니기 때문에 경기가 호전되어 전력소비가 급증해도 가격을 올리지 못한다. 반면 경기 둔화기에도 소비가 크게 감소하지 않고 전력 예비율이 낮아져도 전기료를 낮출 수 없다. 그만큼 유틸리티 주식은 소비에 대해 비탄력적이고, 규제가 많다는 의미가 된다.
　유틸리티 주식은 경기에는 비교적 둔감하지만, 금리에는 민감하게 반응한다. 이는 유틸리티 주식이 높은 배당수익률을 지니고 있어 채권과 동일하게 해석되곤 하는데, 금리가 올라갈 경우 배당의 효력이 약해지기 때문이다.
　유틸리티 주식에도 변수가 있다. 최근에 전세계적으로 정부가 소유하고 있는 유틸리티 기업이 민영화되는 추세에 있는데, 민영화가 마무리되면 이들 기업의 주가가 경기에 좀더 민감하게 바뀔 것이다.

금리에 민감한 업종들

금리에 민감한 주식으로 건설과 금융을 꼽을 수 있다.
　건설 업종은 내구재 이상으로 가처분 소득에 영향을 받기 때문에, 경기가 좋아진 후 일정 시간이 지나야만 비로소 업종 경기가 활성화된다.

그러나 건설 업종은 경기 못지않게 금리에 따라 수익이 좌우된다. 건설은 대규모 자금이 투입되므로 필요한 자금의 대부분을 프로젝트 파이낸싱에 의존한다. 파이낸싱 금리에 따라 수익성이 급격히 변화하기 때문이다. 주택담보대출 금리(Mortgage Rate)도 건설사 수익을 좌우하는데, 주택담보대출 금리가 떨어질 경우 주택 수요자의 부담이 줄어 수요가 늘어나는 반면, 금리가 올라가면 수요가 줄어든다.

금융 업종의 대표인 은행과 보험도 금리에 민감하다.

은행은 주가와 수익성이 금리 수준, 수익률 곡선(Yield Curve)의 형태, 장·단기 금리차 등에 따라 결정된다.

일반적으로 은행은 금리가 하락하는 기간에 많은 이익을 낸다. 그러나 우리나라는 이와 반대이다. 그 이유는 대출 금리는 시중 금리가 오르거나 내릴 경우 빠르게 따라 움직이지만, 수신 금리는 상당 시간이 지나야만 시중 금리에 반응하는 경향을 갖고 있기 때문이다. 따라서 금리가 올라가는 초기에 예금 금리는 낮은 반면, 대출 금리는 빠르게 상승해 예금과 대출 사이에 차이가 커져 은행의 수익성이 좋아진다.

물가도 두 가지 경로를 통해 은행주에 영향을 미친다. 첫번째는 물가가 올라가는 인플레 기간에는 주가가 약세를 면치 못하는 반면, 물가가 안정된 기간에는 초과 수익이 발생하는 이유 때문이고, 두번째는 대부분의 경우 은행은 예금 이상으로 대출을 해주는데 인플레 기간은 대출 대상의 가치가 떨어지는 반면, 물가 안정 기간에는 대출 대상의 가치가 올라가거나 제자리를 유지하기 때문이다.

금리와 은행주 사이에 또 다른 관계는 은행주가 단기 금리보다 장

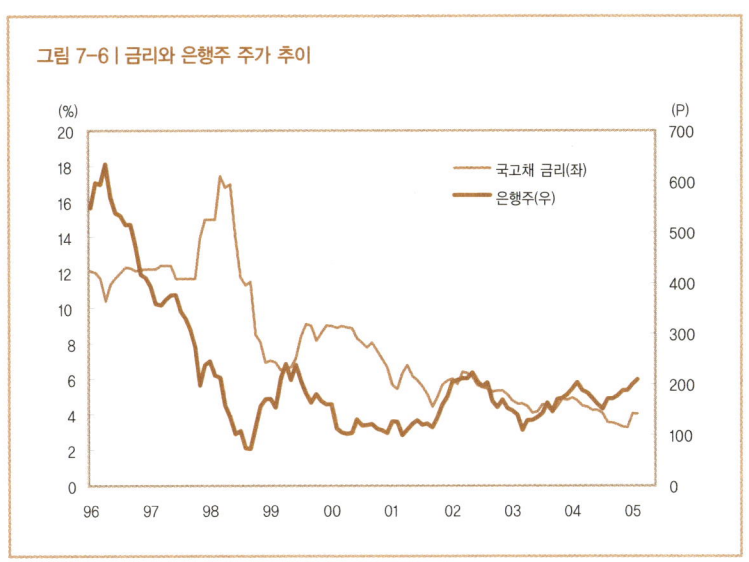

그림 7-6 | 금리와 은행주 주가 추이

자료 : 증권거래소

기 금리에 민감하게 반응한다는 점이다. 1976~96년까지 20년 동안 미국 은행주와 장기 금리 간의 관계를 살펴보면 장기 금리가 떨어지는 동안 은행주가 올라간 경우가 70%를 넘었다. 이는 은행이 단기에 자금을 조달해서 장기로 대출을 해주는 영업 구조를 지니고 있기 때문이다.

보험은 경기가 회복기에 접어들면 시장보다 수익률이 낮다가, 경기가 본격적으로 호황기에 들어선 후부터 경기가 둔화될 때까지 시장 대비 초과 수익을 올리는 특징을 갖고 있다. 이 같은 특징은 경기의 대표인 GDP와 금리의 관계를 통해 쉽게 이해할 수 있다. 다른 조건이 동일할 때 금리 상승은 보험주 주가에 부정적이고 금리 하락은 긍정적이다. 금리는 성장률이 정점에 도달할 때까지 지속적으로 높아지지만, 정점 이후 일정 시간이 지나면 하락한다. 보험주를 경기와 비교해 보면 성장률이 높아지는 단계에 주가가 시장을 밑도는 것처럼 보이지만, 사실 이는 경기보다 금리가 주가에 더 결정적인 영향을 미치기 때문에 나온 결과이다.

보험주가 금리에 민감한 이유는 간단하다. 보험사 자산은 주로 주식이나 채권, 부동산 등과 같은 장기 투자 상품으로 구성되어 있는데, 이들 상품의 가치는 금리가 낮아질 때 올라가는 반면 금리가 올라갈 때 급격히 떨어진다.

소형주

소형주는 주가가 상승하는 전체 기간을 놓고 판단하는 것이 좋다.

앞에서 대형주와 비교할 때 소형주가 장기적으로 높은 수익을 올린다고 설명했다. 그럼 좀더 적극적인 투자를 위해 투자 시기를 선별할 때 소형주 투자는 어떤 지표를 보는 것이 좋을까? 소형주 투자 시기와 관련한 해답은 베타(β)가 쥐고 있다. 소형주는 대형주에 비해 높은 β를 갖고 있는 것이 일반적이다. 따라서 주가가 대세 상승을 하는 시기에는 소형주가 대형주보다 월등히 높은 수익을 올리지만, 반대로 하락기에는 소형주의 하락률이 대형주보다 크다. 1970년 이후(1975~83년까지) 미국 주식시장에서는 소형주가 급등했다. 이 기간 동안 소형주의 연평균 복리 수익률은 35.3%에 이르러 대형주 수익률 15.7%의 두 배에 달하는 성적을 거두었다. 위의 동 기간 동안의 소형주 총 수익률은 1,400%를 넘었다.

반면 1983년 이후 소형주는 장기 침체에 빠졌고 대형주보다 수익률이 낮았다. 1975년부터 9년 동안 소형주가 급등한 이유는 무엇일까? 이 시기 초반은 미국이 대공황 이후 최악의 경기 침체에서 벗어나던 시기였기 때문이다. 1975년만 해도 상당히 저평가되어 있는 소형주를 쉽게 찾을 수 있었다. 경기 호전을 바탕으로 주가가 상승했고, β가 큰 소형주가 월등히 높은 수익을 기록할 수 있었다.

소형주 투자 시기를 더 세분해 주가가 대세 상승하는 와중에는 어떤 때가 적절할까?

대세 상승 초기와 대세 상승이 끝나는 시점을 꼽을 수 있다. 대세 상승이 시작될 때 1차 주도주는 하락기에 많이 떨어진 종목이 된다. 주가 하락기에는 투자자들의 공포심이 필요 이상으로 확대되기 때문에 시장 지배력이 크고, 재무 안정성이 높은 종목을 제외한 대부분이 큰 폭으로 떨어진다. 특히 중소형 기업은 불황에 대한 대응력이 약하므로 이익이 급격히 감소하고, 재무 위험에 대한 우려도 사실 이상으로 확대 포장되어 약세를 면키 어렵다. 주가가 저점을 만들고 상승하기 시작하면 중소형주를 둘러싸고 있던 약세 요인들이 서서히 걷히면서 주가가 오르기 시작한다. 워낙 가격이 낮은 수준까지 떨어졌기 때문에 강한 상승을 보이는 것이 일반적이다.

대세 상승 말기에 소형주가 강세를 보이는 이유는 자금 동향과 실적에서 그 원인을 찾을 수 있다. 경기 확장이 지속되고 주가가 장기간에 걸쳐 상승하고 나면 시장으로 더 이상 자금이 유입되지 않고,

실적은 증가하나 그 증가율이 둔화되어 대형 자본을 필요로 하는 소재 산업이나 시가총액이 큰 종목의 주가 움직임이 둔화된다. 이런 시기에는 이익 규모가 계속 증가할 것으로 예상되는 성장주의 주가 상승이 커진다. 게다가 호황이 계속되어 개인 소비가 왕성해지기 때문에 수요에 부응하는 히트 상품을 개발하는 기업도 주가 상승이 커진다. 이는 기업 수익의 증가율보다 장기적인 성장성을 중시하는 쪽으로 투자 초점이 바뀌기 때문인데, 히트 상품의 기여도는 기업의 규모가 작을수록 커지므로 대형주보다 중소형주가 더 선호되고 거래량 평균도 감소한다. 따라서 지수는 하락해도 신고가 종목이 늘지 않는 현상이 한동안 지속된다.

우리나라 주식시장에서도 대세 상승 끝 무렵에 중소형주가 급등했던 예를 쉽게 찾아 볼 수 있다.

먼저 1989년과 1995년 제약주 동향이다. 1989년은 3저 호황으로 1985년 10월부터 시작된 장기 상승이 마무리되는 시기였다. 종합주가지수는 1,000P를 최초로 넘은 이후 약세로 반전했지만 제약주 상승은 대세 하락이 시작된 후 4개월이나 지속됐다.

제약주 이상으로 중소형주가 상승을 이끈 시기는 1995~96년 사이다. 이때 역시 주가는 1994년 11월을 최고점으로 내려오기 시작했지만, 중소형주는 종합주가지수가 하락하는 와중에 상승을 시작했다. 거의 1년 반 동안 많게는 20배 이상 상승하는 종목이 속출했는데, 중소형주가 올라간 근거는 이들이 갖고 있는 성장성에 있었다. 매연저감 장치를 비롯한 환경 관련주와 신물질 관련주 등이 모두 성장성에 기댄 부분들이었다.

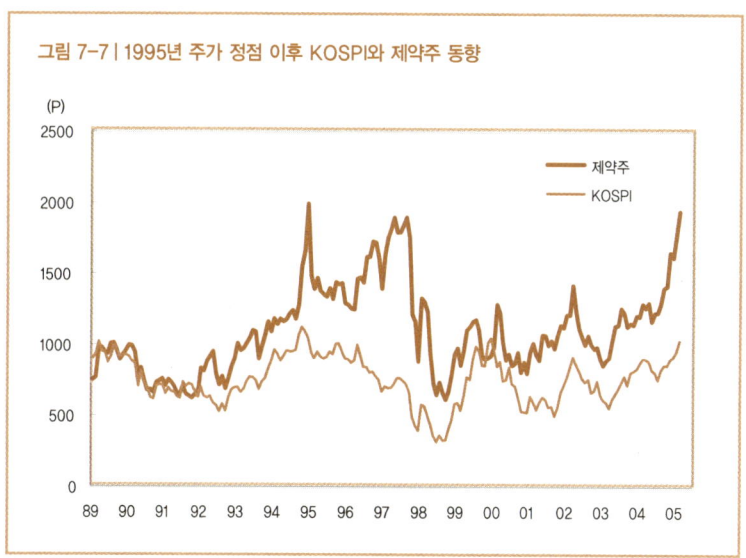

그림 7-7 | 1995년 주가 정점 이후 KOSPI와 제약주 동향

자료 : 증권거래소

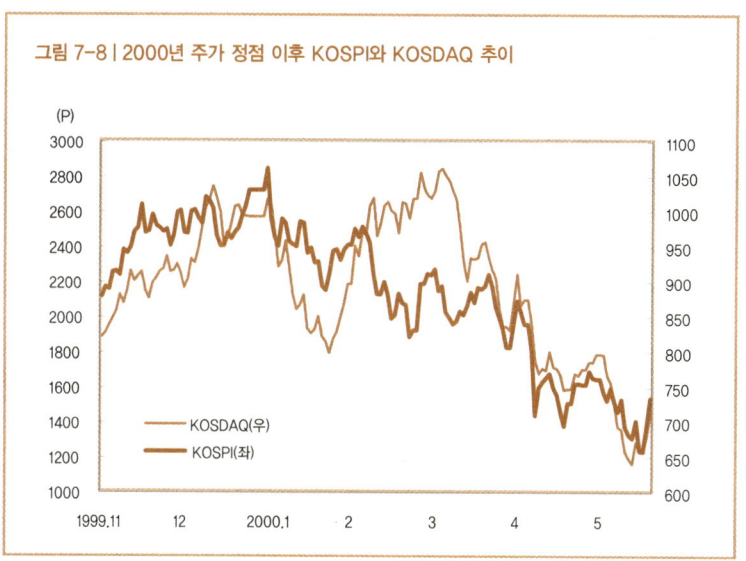

그림 7-8 | 2000년 주가 정점 이후 KOSPI와 KOSDAQ 추이

자료 : 증권거래소

최근에 중소형주가 상승한 것은 1999~2000년 사이 IT 관련주다.

종합주가지수는 1999년 7월에 고점을 기록하고, 2000년 초에 고점 부근까지 재상승했지만 IT 관련주들은 4월까지 큰 폭의 상승을 이어갔다. 전세계적인 IT 붐과 이에 따른 성장성 기대가 주가 상승의 근거가 되었다.

PART 3

주가 1,000P 시대
성공 투자법

01

1,000P 주가 진입의 의의

우리 주식시장에서 네 자릿수 주가는 중요한 의미를 갖는다. 과거 십수년 동안 이 선에 도달하면 주가가 하락했기 때문에, 네 자릿수 즉 1,000P에 안착하면서 주식시장이 새로운 지평을 여는 셈이 된다.

이제 1,000P 주가 시대에 어떻게 투자를 해야 하는지 살펴보자.

장기 주가 상승의 토대

주가는 장기 저항선을 넘은 후 오랜 시간, 크게 상승하는 것이 일반적이다. 장기 조정 기간 동안 경제 전반과 기업 내용이 변화할 뿐 아니라 주식시장 에너지가 보강되는데, 이 힘이 한꺼번에 분출되기 때문이다.

종합주가지수 100~150P의 두터운 벽을 넘을 때가 대표적인 예다. 처음 100P를 넘은 것은 1976년 6월이었고, 1978년에 150P까지 상승했지만 1980년에 다시 100P로 떨어졌다. 주가가 150P 위에 안착한 것은 1985년이었다. 처음 100P를 넘은 이후 무려 10년 만에 주가가 150P를 넘는데 성공했다. 150P를 넘은 후 주가는 일취월장해 1989년 4월 1,000P에 도달했다.

다우지수도 마찬가지다. 다우지수는 1966년에 처음 1,000P를 넘어선 후 네 차례에 걸쳐 돌파와 후퇴를 거듭했다. 1983년 1,000P를 넘어 안착한 후 주가가 장기 상승을 시작해 2000년 12,000P까지 올라갔다.

네 자릿수 주가 진입의 원동력은 한국 경제 전반을 다시 구성하는 구조조정에 있었다.

다른 선진국과 같이 우리도 일인당 국민소득 1만 달러를 전후해 혹독한 시련을 겪었다. 이는 대부분 국가가 이 시점을 전후해 경제 성숙기에 들어가, 더 이상 노동력을 늘리거나 단순히 기계 장비를 늘리는 것 만으로 국가 경제를 발전시킬 수 없는 단계에 이르기 때문이다.

구조조정의 가시적인 형태는 은행의 건전성을 높이고, 부실 기업을 정상화시키는 조치들 이었지만 가장 큰 변화는 기업 내부의 이익 구조에서 나타났다.

지난 4~5년 동안 우리 기업들이 수익성과 효율성 향상에 힘쓴 결과, 수익성을 나타내는 지표는 2003년이 1990~96년 평균의 2배 내

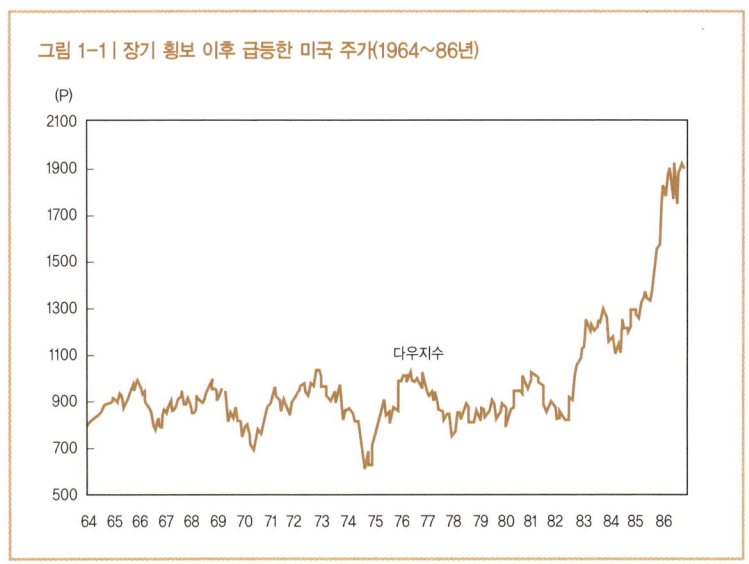

자료 : Datastream

자료 : 증권거래소

표 1-1 | 국민소득 1만 달러 달성 시점에 선진국의 경제적 시련

구분	1만 달러 달성 시기		경제 성숙기 징후
	경상기준	불변기준	
미국	1978	1951	생산성 정체, 기업 경쟁력 약화
영국	1987	1975	과도한 사회복지, 노사 분규, 성장 둔화
일본	1984	1973	부동산 버블 형성과 붕괴
독일	1978	1970	복지지출 증가, 부동산 버블 형성과 붕괴
스웨덴	1971	1963	과도한 복지, 실업 증가, 노사 갈등
네덜란드	1978	1972	고비용 경제, 기업가 정신 위축, 노사 갈등

자료 : 한국은행, 《경제 성숙기의 성장환경 변화와 대응 방향》

외, 효율성과 관련한 생산성 역시 크게 개선 됐다. 게다가 소수 기업에 이익이 집중되는 현상도 나타나 상장 기업 중 60개 사가 전체 이익에서 차지하는 비중이 96%까지 올라갔다. 우량한 기업에 이익이 많이 나고 집중된 이유는 우리 기업의 영업 형태가 '박리다매' 식에서 '하나의 제품이라도 비싸게' 파는 형태로 바뀌었기 때문이다. 이런 변화 때문에 과거에는 1억 원의 매출을 올리면 500만 원 지나지 않던 기업 이익이 이제는 1,000만 원 이상으로 늘어났다.

구조조정은 경기가 심각한 위험에 빠졌던 국가들이 공통적으로 사용했던 처방법이다. 미국의 경우 1980년대 내내 구조조정을 진행해 왔다. 규제 완화를 통한 생산성 정체 해소, 정보 통신망 구축을 비롯한 사회간접자본 확충과 M&A와, 경영 합리화 등이 그 방안이었다. 영국도 1980년대 중반 IMF 긴급 자금 지원을 받은 이후 구조조정에 들어가 1993년에 전체 과정을 완료 했다.

구조조정이 완료된 후 경기가 상당 기간 호황을 기록했다. 미국은

표 1-2 | 기업 구조조정으로 수익성과 효율성 증가

구분	1990년~96년 평균	2003년
매출액 경상이익률	2.29	4.17
자기자본 순이익률	5.00	19.73
매출액 영업이익률	7.07	6.91
이자보상배율	1.42	3.67
노동생산성	-	14.4*

자료 : 한국은행, 한국신용정보
주 : 노동생산성 2003년은 2004년 상반기임

구조조정이 완료된 후 사상 최장인 9년 동안 호황이 지속됐고, 영국 역시 안정적인 성장 궤도를 밟았다.

우리나라도 외환위기 이후 몇 년에 걸친 구조조정을 진행해 왔기 때문에 앞으로 경기가 안정적으로 성장해 나갈 가능성이 높다. 따라서 주식시장도 새로운 상승 추세를 지속할 것으로 전망된다.

신용카드에서 시작된 가계 부채 부분이 해결되고 있는 것도 주식시장에 장기 상승을 끌고가는 요인이다.

2002년에 카드 문제가 발생했고, 연이어 개인 대출문제가 불거지면서 심각한 소비 둔화를 가져왔다. 물론 다른 국가들도 경기가 둔화될 때 소비가 줄어드는 것을 경험하는 것이 일반적이다. 그러나 지난 2년 간 우리나라 소비 둔화는 단순히 경기 침체 차원을 넘어, 구조적인 취약점이 원인이었다는 데에 문제의 심각성이 있다. 핵심은 가계 부채가 단기에 너무 급증해, 이자를 포함한 부채 부담이 갑자기 늘어났다는 데 있다. 과거 선진국에서도 부채 문제가 대두되기는 했지만, 이들은 긴 시간에 걸쳐 점진적으로 부채가 늘었다는 점에서 우리와 차이가 있었다.

그 동안 치유 과정은 꼭 필요한 소비 외에는 소비를 자제하고 남는 돈으로 빚을 갚아가는 형태였다. 과거 우리 가계는 벌어들인 소득에서 약간만을 저축하고 나머지는 대부분 소비하는 패턴을 갖고 있었는데 최근에는 이 패턴이 완전히 바뀌었다. 대표적인 예가 2004년이다. 소득이 5% 넘게 증가했지만, 소비는 1% 정도 늘어나는 데 그쳐 소비를 줄여 부채를 갚는 데 사용한 것으로 드러났다.

이 덕분에 부채 증가가 현저히 떨어졌다. 1996~97년과 1999~2001년 사이 5년 간 우리 가계의 부채 증가율은 평균 5%였다. 외환 위기 직후나 2002년 같이 부채가 급변한 때도 있었지만, 이는 비정상적인 경제 상황에서 온 것인 만큼 그다지 의미 있는 일이 아니다. 2003년 이후 부채 증가율은 1%대로 낮아졌다. 소비를 희생하는 만큼 자산구조에 건전화가 이루어진 것이다.

부채 구조조정이 완료되어 소비가 정상화될 경우, 단기적으로 한국 경제에 새롭게 발생할 구조적 문제는 없다.

구조적인 문제 해소는 장기 성장의 토대가 된다.

미국의 경우 1980년대 구조조정을 마무리한 후 1990년대에 장기 호황을 맞았고, 영국도 1990년대 중반 이후 비슷한 모습을 보였다. 금융 위기를 겪었던 북구 3국의 경우도 금융 위기의 원인이 어느 정도 해소된 후 3년~5년 정도 안정적인 성장과 소비를 기록했다.

물론 소비와 관련한 구조적인 문제가 해결되어도 우리 경제가 과거와 같은 고성장을 누릴 수는 없다. 이미 경제가 성숙 단계에 들어갔고, 전세계적으로 새로운 성장 동력이 제시되지 않는 상황이기 때

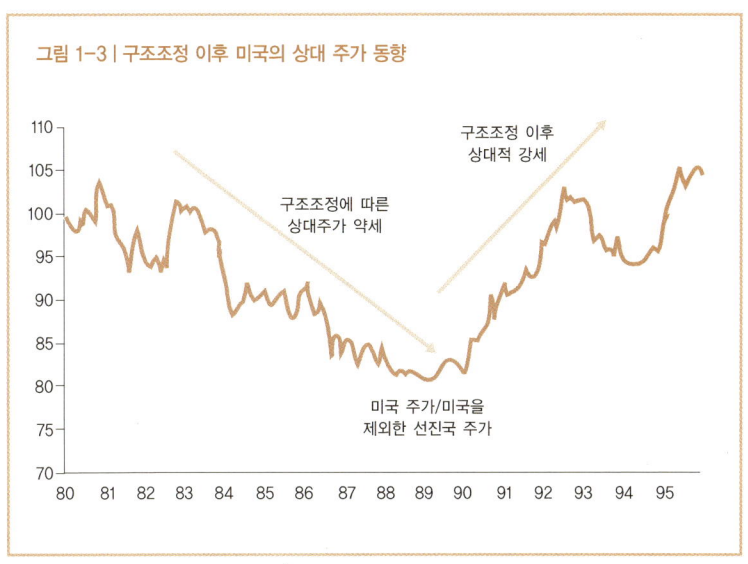

자료 : MSCI

문이다. 그러나 5% 내외의 성장을 지속적으로 이어갈 경우, 경제의 안정성이 높아져 주식시장에 긍정적인 역할을 할 것이다.

구조조정이 완료된 나라는 그렇지 못한 나라에 비해 주가가 두드러지게 올라간다.

선진국 예를 보면 이런 사실을 잘 알 수 있다. 미국의 경우, 구조조정 기간 중 주가는 다른 나라에 비해 60%밖에 오르지 못했다. 그러나 구조조정이 끝난 후 8년 간에 걸쳐 다른 나라의 2.4배에 달하는 초과 상승을 기록한다. 영국은 미국처럼 뚜렷한 특징이 나타나지 않았지만 구조조정이 완료된 후 50%나 초과 상승해 유사한 형태임을 보여주었다.

우리나라 역시 지난 몇 년 동안 구조조정을 겪으면서 주가가 뚜렷한 상승세를 보이지 못했다. 2000년에 IT 열풍으로 1,000P를 잠시 넘었지만 이내 큰 폭 하락했고, 2002년과 2004년에 950P까지 올라간 후 다시 후퇴하는 상황이 반복됐다. 그러나 이제 우리 경제가 조정 과정을 마무리 짓고 있기 때문에 과거처럼 반복적인 등락이 나타나기 보다는, 꾸준한 상승이 이어질 전망이다. 또 이는 단순히 주가가 오르는 데 그치지 않고 금융 시장뿐만 아니라 경제 전반을 바꾸는 촉매제가 될 것이다.

주가 상승으로 금융시장에 나타나는 5가지 변화

1. 은행 전성 시대가 막을 내린다

외환위기 이후 우리나라 금융시장은 은행을 중심으로 재편됐다고 해도 과언이 아니다.

외환위기 이후 금융기관 중에서 은행의 성장세가 두드러졌다. 외환위기가 발생한 1997년 말 1,491.9조 원이던 금융기관의 자산 규모가 2004년에 1,937.2조 원으로 445.3조 원(29.8%)이 증가하였다. 이 중 예금은행의 자산 규모는 1997년 말 573.7조 원에서 2004년에 1,135.3조 원으로 두 배 가까이 증가한 반면, 비은행 금융기관의 자산 규모는 918.2조 원에서 801.8조 원으로 오히려 116조 원이나 감소한 것에서 은행 편중화 현상이 얼마나 심했는지 알 수 있다.

은행의 성장세가 다른 금융기관을 크게 앞지르면서 금융 산업에서 은행이 차지하는 비중 또한 커졌다. 외환위기 직후인 1997년 말 전체 금융 산업의 자산 중에서 은행 자산이 차지하는 비중이 38.5% 였던 것이 외환위기 이후 은행의 자산 규모가 급격하게 팽창하면서 2004년에 58.6%로 높아졌다. 반면 비은행금융기관의 자산 비중은 61.5%에서 41.4%로 감소하였다.

외환위기 이후 은행이 비대해질 수 있었던 원동력은 안정성에 있다.

부실자산을 처리하고 경쟁력을 강화하기 위한 인수·합병이 활발하게 진행되면서 은행의 대형화가 진전되었는데, 때마침 금융기관도 망할 수 있다는 예금자들의 불안 심리가 커지면서 은행이 모든 금융 영역에서 선두를 차지하게 됐다.

이 같은 은행 전성 시대는 장기적인 주가 상승을 계기로 약화될 가능성이 높다. 두 가지 이유 때문인데 첫째, 은행 보유하고 있는 상품의 경쟁력이 떨어졌다는 점이다.

은행 상품의 상당수는 고정금리를 제공하는 구조로 이루어져 있다. 이는 예상 가능한 수익을 제공할 수는 있는 장점이 있는 반면 저금리 상황에 들어가면 어려움에 봉착한다. 제공할 수 있는 금리가 너무 낮아 투자자들에게 매력을 줄 수 없기 때문이다. 이 영향은 이미 나타나고 있는데, 금리가 5% 밑으로 떨어지면서 저축성 상품에서 자금이 빠져나오고 있다.

둘째, 다른 금융기관의 안정성이 상당히 높아졌다는 점이다. 외환위기를 겪으면서 투자자들이 금융기관도 도산할 수 있다는 사실을 알았기 때문에 상대적으로 안전한 은행으로 자금이 몰려들었다. 이제는 다른 금융기관들의 안전성이 향상되어 도산보다 수익성을 중심으로 재편이될 수 있는 상황이 됐다.

2. 투자 자산이 예금만큼 중요해진다

저금리 기조가 지속되면서 개인들의 자산운용이 어려워졌다. 가장 중요한 운용 수단이던 예금의 실질 금리가 마이너스 수준으로 떨어졌고, 부동산 역시 가격하락뿐만 아니라 장기간 자금을 회수하지 못할 위험이 있기 때문이다.

아직까지 우리나라 개인들은 금융자산의 많은 부분을 예금의 형태로 보유하고 있다. 2004년 현재 우리나라 개인들이 소유한 금융자산 중에서 예금(현금 포함)이 차지하는 비중은 56.5%에 이른다. 우리나라 개인들의 예금보유 비중은 다른 나라에 비해 매우 높은 수준이다. 미국의 경우 개인들이 보유한 금융자산 중에서 예금 비중이 15.5%에 불과하고 독일과 대만도 각각 35.7%와 40.1%로 우리나라보다 훨씬 낮다.

반면 개인 주식투자 비율은 다른 나라에 비해 낮다. 우리나라 개인들의 주식투자 비중은 7.4%에 불과해 미국의 33.9%, 대만의 30.6% 등에 비해 4분의 1 수준에도 미치지 못했다. 또한 주식시장이 상대적으로 발달하지 못한 독일과 일본에 비해서도 낮았다.

우리나라 개인들의 금융자산 중에서 예금의 비중이 높은 것은 과거에 고금리를 경험했기 때문이다. 예금은 원금 손실의 위험이 전무한 상태에서 연간 10% 이상의 수익을 얻을 수 있었다. 이와 같은 고

수익·저위험 금융상품이 존재하는 상황이라면, 위험이 큰 자산에 대한 투자 비중을 낮추는 것은 일견 당연하다.

주가가 본격적으로 상승하면 상황이 변해 예금 상품의 비중이 줄고, 대신 투자 상품의 비중이 높아질 가능성이 크다. 이는 무엇보다도 시중금리의 급격한 하락으로 개인들의 자산 운용이 적극화되면서 위험자산의 비중이 높아질 것이기 때문이다. 외환위기 이전 10% 이상이었던 예금 금리가 이제는 3%대로 하락했다. 이렇게 금리가 낮아지면서 과거 같이 예금을 통해서는 원하는 수준의 수익률을 얻기 어려워졌다. 다소 높은 위험을 부담하더라도 기대수익률이 높은 금융자산에 대한 투자비중을 높여갈 수밖에 없는 상황이 됐다.

3. 채권 시대가 끝난다

채권은 일반 개인의 자산 운용에서 알게 모르게 큰 비중을 차지하고 있다.

은행 예금은 채권에 투자해 여기에서 나오는 금리 수익을 기본 보상 체계로 하고 있으며, 이는 다른 금융기관에도 예외가 아니다. 우리 투자체계가 일방적인 채권 위주로 짜인 이유는 그 동안 높은 수익을 제공해 주었기 때문이다.

그러나 주가가 장기 상승에 들어갈 경우 투자자들의 기대수익률이 높아지고, 채권만으로 이를 채워줄 수 없기 때문에 채권의 일방적 독주 시대가 끝난다.

4. 간접 투자상품이 득세한다

그 동안 높은 금리와 예금 위주의 보수적인 자산운용으로 자산운용 산업의 성장이 더뎠다. 예금을 통해서도 높은 수익을 얻을 수 있었기 때문에 굳이 투자위험이 높은 주식 또는 주식을 투자 대상으로 하는 간접 투자상품에 투자할 필요가 없었다.

실제 우리나라 개인들의 간접 투자상품 보유 비중은 낮다. 우리나라 개인들의 금융자산 중에서 간접 투자상품이라고 할 수 있는 은행신탁과 투신사 수익증권 보유 비중은 7.8%에 불과하다. 반면 미국은 뮤추얼 펀드 9.8%, 은행 개인신탁 2.7%를 비롯하여 주로 간접 투자 방식으로 운용되는 개인연금을 합하면 간접 투자상품에 대한 투자 비중이 30%를 넘을 것으로 추정된다. 또 독일 개인들의 간접 투자 비중도 11.8%로 우리나라보다 높다.

여기에 더해 주식시장의 변동성이 심하고, 고금리가 지속되면서 펀드 산업은 주식보다는 채권 위주로 형성되어 있다. 2004년 말 현재 전체 펀드 중에서 설정액 기준으로 주식형이 4.5%에 불과하다. 이는 미국의 51.1%, 일본의 64.1% 등에 비해 매우 낮은 수준이다. 반면 채권형 펀드의 비중은 40.4%에 이르고 MMF가 34.6%에 달하고 있다. 단기 상품인 MMF 비중이 높다는 것은 간접 투자시장이 장기적인 투자대상이 아니라 안정적인 수익을 얻기 위한 단기적인 자금 운용 수단으로 활용되고 있음을 보여준다.

간접 투자시장이 활성화되지 못하고 장기적인 자산운용시장으로서의 기능이 발휘되지 못하면서 우리나라에서는 주식시장의 규모

뿐 아니라, 간접 투자시장 자체의 규모도 경제규모에 걸맞게 성장하지 못했다. 주가가 장기 상승할 경우 점차 간접투자에 대한 관심이 증가할 것으로 전망된다.

이는 첫째 금융시장이 효율적으로 움직일수록 위험이 낮으면서도 높은 수익을 얻을 수 있는 금융상품은 찾기 어려워지기 때문이다.

위험도가 높은 금융자산에 투자해야 높은 수익을 기대할 수 있기 때문에 위험관리가 그만큼 중요해진다. 투자 위험을 관리하기 위해 가장 손쉬운 방법은 수익증권 같이 금융 기관들이 분산 투자하여 운용하고 있는 간접 투자상품에 투자하는 것이다.

둘째, 고령화 사회의 진전도 간접 투자를 확산시키는 요인으로 작용할 것이다. 연령이 높아짐에 따라 높은 수익률을 얻지 못하더라도 안정적인 수익을 얻기를 원한다. 돈을 벌 수 있는 기간이 점점 짧아지고 자녀 학자금 등으로 써야 할 돈은 많아져서 원금을 보존해야 할 필요성이 커지기 때문이다. 따라서 안정적인 수익을 제공하면서 위험도가 낮은 금융자산에 대한 고령층의 투자수요가 증가할 수 있다.

셋째, 전반적인 소득 수준이 높아지면서 부자들이 많아지고 이들이 운용할 수 있는 자금 규모가 커지고 있다. 부유층은 많은 재산을 직접 운용하기보다 전문적인 서비스를 제공받으면서 위탁하여 운용하는 간접 투자 형식을 선호할 가능성이 크다.

넷째, 간접 투자상품이 다양해졌기 때문이다.

개인들이 간접 투자 방식을 택하기 위해서는 직접 운용하는 노력을 들이지 않고 소액으로도 분산 투자 효과를 얻으면서 안정성과 수익성을 조화시킬 수 있어야 한다. 특히 수익성보다 안정성을 중시하는 투자 패턴이 확산될 경우 기대수익률 하락을 감수하더라도 위험을 줄일 수 있는 투자 방식에 대한 선호도가 높아진다.

금융기관이 개인에게 자금을 모집하여 여러 금융상품에 투자를 하면 다양한 위험과 수익을 갖춘 금융상품 개발이 가능해진다. 위험을 부담하더라도 투자자금 규모를 빠르게 늘리기를 원하는 사람들은 주식편입 비중이 높은 금융상품을 선택하고 투자원금 보존을 원하는 사람들은 예금이나 채권의 비중이 높은 금융상품을 선택하면 된다. 간접 투자상품은 주식이나 채권뿐만 아니라, 파생상품, 부동산, 귀금속, 골동품 등 다양한 실물 자산이나 금융 상품에 투자해 수익을 배분할 수 있어 개인들이 원하는 다양한 위험과 수익을 제공하는 것이 가능하다.

다섯째, 주식의 매력이 증가하고 있기 때문이다. 가장 대표적인 것이 배당이다. 시장 전체 배당수익률은 2003년 2.01%에서 2004년에 2.5%로 증가했고, 배당의 양극화에 따라 고배당 기업이 늘고 있다. 배당수익률이 5%를 넘는 기업의 숫자가 1999년 47개에서 2004년에 100여 개로 늘어났다. 배당수익률이 금리보다 높은 기업은 그 숫자가 훨씬 많아 1999년 전체 기업의 3.7%에서 2004년에 16%대까지 늘었다. 주식투자 지표는 배당→자산→이익으로 확장된다. 가장 보수적인 지표를 우선해 투자 수익을 예측하기 때문인데, 미국 주식시장이 장기 조정을 겪었던 1970년대나 1985년 이전 우리나라도 동일한 과정이 나타났다. 이런 측면에서 전체 주식의 20% 정도가 금리보다 높은 배당수익률을 올리고 있는 현재 상황은 다른 상품에 비해 주식의 매력을 높여주는 데 충분하다.

5. 기술을 가지고 있는 기업의 주가가 올라간다

기업이 보유하고 있는 기술은 원천 기술, 상품화 기술, 생산 기술 등 세 가지로 구분된다. 원천 기술은 해당 분야의 기반이 되는 핵심요소 기술이면서 관련 산업에 미치는 파급 효과가 큰 기술을 의미한다. 상품화 기술은 고객의 수요 변화를 신속히 반영한 상품기획과 이를 바탕으로 차별화된 부가기능을 개발하여 신규 수요를 창출하는 응용 기술이다. 달리 말하면, 즉시 시장에 판매 가능한 제품의 개발 능력으로 단기적인 경제성 및 양산 가능성을 고려한 기술이다. 생산 기술은 제품의 품질이나 생산성 향상, 원가 절감, 신속한 양산 대응과 같은 전반적인 생산 활동상의 기술 역량을 의미한다.

국내 기업들은 1970년대 및 1980년대 고도 경제 성장기에 주로 공정 효율성 향상 및 생산성 제고 등 생산 기술력을 바탕으로 수출 증대와 고속 성장을 일구어왔다. 1990년대 들어서는 상품화 기술력 또한 상당히 제고되었으나, 원천 기술력은 여전히 선진기업에 비해 낮은 수준에 머물러 있다.

주가가 지속적으로 상승할 경우 일상적인 이익을 내는 기업과 초과 이익을 내는 기업 사이의 주가 차이가 커진다. 일상적인 이익을 내는 기업은 자기 가치를 반영하고 나면 주가가 올라갈 여지가 없어지지만, 원천 기술을 갖고 있는 기업의 경우 초과 수익을 만들어가면서 주가가 상승할 수 있기 때문이다.

02 주가 장기 상승기의 투자법

간접 상품

1. 적립식 펀드

적립식 펀드란 그 이름에서 알 수 있듯이 매월 적금식으로 펀드에 투자하는 방법이다. 약정한 날 같은 금액을 불입한다는 점에서는 적금과 같지만, 적금의 경우 은행이 운용 주체인 반면, 적립식 펀드는 투신사가 운용을 맡는다. 적립식 펀드는 대개 주식형 펀드와 채권형 펀드로 나뉘는데 은행 적금과 차별화하려면 주식형으로 가입하는 것이 좋다.

적립식 펀드란 어떤 특별한 펀드가 있는 것이 아니라 일종의 펀드에 투자하는 방법이다. 따라서 시중에 나와 있는 주식형 펀드라도 매월 일정액을 투자하면 적립식 펀드가 되는 것이다.

은행 적금이 매월 일정액을 납부하는 형태가 일반적이기 때문에 적립식 펀드도 강제적으로 일정액을 납부해야 하는 것으로 오해하는 사람이 있다. 현재 시중에 선보인 적립식 펀드 대부분이 정기 적립 방식과 자유 적립 방식 두 가지로 구성되어 있는데, 정기 적립 방식 만이 적금과 같이 매월 일정액을 낼뿐 자유 적립 방식은 투자자의 사정에 따라 얼마든지 변화를 줄 수 있다.

적립식 펀드의 우수성은 장기 투자시 나타난다. 매월 약정한 날짜의 주가가 높으면 적게 사고, 주가가 낮으면 많이 사기 때문에 평균 단가를 낮추는 효과가 있다. 따라서 주가 변동을 완화시킬 수 있을 정도로 장기간 투자할 때라야 적립식 펀드의 효과를 볼 수 있다.

2. 배당주 펀드

배당주 펀드는 배당수익률이 높은 종목에 투자하는 펀드다. 편입 종목의 주가가 예상 배당수익률 이상으로 상승하면 주식을 팔아 시세 차익을 챙기고, 주가가 오르지 못하면 배당 시점까지 주식을 보유해 배당금을 받음으로써 주가 하락에 따른 손실을 만회하는 방식을 사용한다. 주가 상승기보다 주가 하락기에 가입하면 더욱더 원하는 결과를 얻기 쉽다. 이는 기업의 배당 성향 자체가 크게 변하지 않는 상황에서 주가가 떨어질 경우 배당수익률이 높아지기 때문인데, 배당 자체가 가장 보수적인 투자지표여서 주가 하락기 때 배당 성향이 높은 주식이 선호된다는 측면도 있다. 배당 투자는 단기적인 시세 차익보다 매년 꾸준한 배당금을 얻을 수 있는 투자여서 상대적으로 안정적인 수익과 장기 투자에 따른 복리 효과를 거둘 수 있는 장점이 있다.

현재 증권사와 투신사에서 판매하는 배당주 펀드는 크게 액티브형, 안정형, 배당지수형, 해외형 등 네 가지가 있다. 액티브형은 배당수익률과 배당 성향이 높은 종목에 투자하는 펀드다. 안정형 펀드는 주가 차익보다 연말 배당수익을 목표로 안정적으로 운용되는 상품이다. 특히 비과세 혜택을 높이기 위해 배당수익과 이자수익을 많이 얻고자 하는 펀드란 점을 기억해 두어야 한다. 배당지수 펀드는 배당률이 높은 종목으로 구성된 배당지수에 투자하는 펀드다. 배당지수란 KOSPI 200 편입 종목 중 수익성과 시장대표성, 유동성 등을 기준으로 배당 성향, 배당수익률, 연간 현금 배당금 등을 점수화해 선정한 50개 종목지수를 뜻한다.

3. ELN(주가지수 연동채권)

높은 수익을 내주는 것도 좋지만, 손실 입을 가능성이 높다면 문제가 있다. 따라서 최소한 '원금 보존'의 바탕 위에 금리보다 높은 상품이 없을까 하는 수요가 커질 수밖에 없는데, 이런 필요에 부응해 만들어진 것이 주가지수 연동채권이다. 한마디로 '원금 보존과 주가 상승시 높은 이익'이라는 구조를 가지고 있다.

이 상품은 다양한 구조로 만들어진다. 대표적인 예가 예금에서 발생한 이자를 이용, 옵션을 매수해 수익을 얻는 방법이다. 최악의 경우 이자분만을 날리도록 설계되어 있다. 대부분 상품이 주가 상승을 겨냥하는 구도로 만들어졌지만, 주가 하락을 이용한 원금 플러스 알파 상품을 만들 수도 있다. 또 만기시 주가 상승분을 기준으로 '알파'를 얹어주는 상품도 있고, 만기 전이라도 지수가 최소한 몇 % 이상 오르면 안정투자로 전환하는 상품도 있다. 이런 상품 구조는 CD, 채권 등 다양한 기초 자산을 활용해 설계할 수 있다.

ELN의 구조는 이자나 원금, 또는 이자와 원금의 지급이 특정한 주가지수나 개별 주식 또는 주식 바스켓 등에 연동되는 '채권'을 말한다. 엄밀한 의미로 개별 주식에 연동되면 주가 연동채권이 되고, 주가지수에 연동될 경우에는 주가지수 연동채권이 된다.

운용 형태를 보면 증권사에서 ELN을 발행하면, 투자자가 이 채권을 구입한다. 증권사에서는 원금을 채권에 투자하고, 이자는 주식이나 주가지수 옵션에 투자한다. 이때 발생하는 최대 손실을 옵션 프리미엄으로 한정하면 원금을 까먹을 우려는 없다.

ELN의 중요한 사항을 정리하면 다음과 같다.

- 이자나 원금이 주식 등의 움직임에 연동되며, 투자 수익은 평가일로 정해진 특정일을 기준으로 결정된다. 또 투자 수익은 이미 발행 조건에 따라 결정돼 있기 때문에 사전에 정한 금액 이상을 투자해 초과 수익을 올릴 수 없다.
- 모든 ELN이 원금을 보장하는 것은 아니다. 예를 들어 기초 자산인 주식을 매도하는 식으로 설계된 상품은 원본을 날릴 수

도 있다.

- ELN 역시 채권이라는 점에서 이자가 지급되고, 만기에 원금이 상환된다. 다만 이자 지급이 고정되어 있지 않은 대신 이자 결정 방식만 사전에 정해져 있어서 얼마를 돌려받을 수 있을지 사전에 알 수 없다.

4. 인덱스 펀드

인덱스 펀드는 일반 주식형 펀드와 달리 펀드 매니저가 종목을 발굴하거나 매매할 필요가 없다. 시가총액 비중만큼 주식을 편입하면 되기 때문에 펀드 구조의 최대 목표 역시 어떻게 종합주가지수와 유사하게 만들 것인가로 모아진다.

인덱스 펀드의 장점은 수수료가 싸다는 점이다. 일반 펀드는 수수료가 연 2~3%에 달하는 반면 인덱스 펀드는 1.5% 안팎에 지나지 않는다. 그러나 단점도 있다. 인덱스 펀드가 갖고 있는 태생적 한계 때문에, 오늘 환매 신청을 해도 알 수 없는 내일 가격으로 환매해 준다는 점이다. 이런 문제를 해결하기 위해 개발한 것이 상장지수 펀드(ETF)다. 이 펀드는 인덱스 펀드와 똑같이 종합주가지수를 복제한 것을 하나의 주식으로 만든 것으로 실시간 매매가 가능하고, 거래세가 면제되면, 수수료가 싸다는 장점을 지니고 있다. 우리나라에서 거래되고 있는 상장지수 펀드는 KODEX200과 KOSEF 200이 있다. 둘 다 내용은 비슷한데 코덱스는 삼성투신이, 코세프는 LG투신이 운용한다는 차이점이 있다.

직접 투자

간접 투자가 활성화되어도 증권회사에 가서 직접 주식을 사는 직접 투자를 넘어설 수는 없다. 물론 시간이 많이 지나 투자신탁 상품이 더 활성화되고, 투자자들의 의식이 바뀐다면 위치가 바뀔 수 있지만, 당분간 직접 투자가 주식투자를 대표한다 해도 과언이 아니다.

장기 상승기 투자에서 우선 고려해야 할 부분은 주식의 보유 기간이다. 1990년대 초까지 '장기 투자'가 주식 투자의 정석인 것처럼 인식되어 왔지만, 주가 하락으로 좋지 않은 종목을 장기 보유했던 사람들은 상대적으로 큰 피해를 보았다.

진짜 '장기 투자'를 해야 하는 시기는 주가 상승기다. 이는 주가 상승기, 특히 대세가 올라가는 국면에 나타나는 다음과 같은 특징들 때문이다.

- 주가 상승기에 조정은 짧고 약하게 진행된다.
  주식을 파는 이유는 주가가 떨어지는 동안 생기는 손실을 막기 위해서다. 물론 재차 상승할 때 바닥에서 다시 사들여 이익을 높이겠다는 기대가 반영된다.
  10% 정도 주가가 떨어지리라 예측했다고 가정해 보자. 실제 10%가 떨어졌을 때 주식을 산다면 문제가 없지만, 대부분 경우 추가로 더 떨어질 것으로 기대하고 매수를 늦춘다. 주가가 재차 상승해도 처음에는 일시 반등으로 치부하고 마는데, 상승기일수록 주가 회복도 빨라 어느새 팔았던 가격에 도달하게

된다.
- 주가 상승기 주도주는 큰 폭의 시세 차익을 기록한다.

    주가 상승기 이익에 대한 반영도는 하락기와 비교할 수 없을 정도로 강하다. 그만큼 미래에 대한 투자자들의 기대가 높아지기 때문이다. 예를 들어 1986년 말에 금융주가 선도주로 등장했다. 당시 종합주가지수는 250P를 넘어 꾸준히 상승하던 시기였다. 금융주의 상승은 무려 2년 반에 걸쳐 지속되어 보험주 100배, 증권주 80배, 은행주 50배의 상승을 기록했다. 1993년도 마찬가지였다. 우리나라 최고 주식으로 자리잡고 있는 삼성전자가 3만 원에서 상승을 시작해 2년에 걸쳐 16만 원까지 상승했다.

    이들 사례를 볼 때 장기 상승기에 주식을 파는 것은 '시장에 대한 판단보다는 종목에 대한 판단'이 잘못됐을 때라야 한다.

- 대세 상승기는 이론적 가격보다 주가가 더 상승한다.

    주가가 상승하면 상승할수록 사람들의 기대도 높아진다. 물론 상당 기간은 주가가 이론적으로 산정할 수 있는 범위 내에서 움직이지만 기대가 더 높아질 경우, 사람들은 미래에 발생할 수 있는 불확실한 상황까지 현실로 가정해 투자한다. 결국 이론적으로는 도저히 상정할 수 없는 수준으로 주가가 치솟아 오르는 경우가 많다.

두번째 고려해야 할 점은 주가 상승을 이끄는 요인 선택해야 하는 주식이 달라진다는 점이다. 상승장은 두 가지로 나뉜다.

먼저 찾아오는 것은 경제 여건상 불경기가 계속되어 중소기업은 물론 대기업도 도산하여 화제가 되는 가운데 실업자가 발생하는 등 앞으로 경제 환경에 대한 통계지표가 밝아 보이지 않는 시기다. 이때 주식시장 상황은 경기나 기업 수익으로 볼 때 주가가 상승할 것으로 예상하기 어렵다. 반면 금리는 계속해서 하락한다. 경기가 좋지 않아 기업이 설비투자를 늘리지 않기 때문에 자금 수요가 줄고 물건을 파는 사람도 재고를 늘리지 않기 때문에 자금을 빌리려 하지 않기 때문이다. 따라서 금융기관은 금리를 내려서라도 안전한 대출처를 찾게 되므로 금리를 내리거나 채권매입을 늘리게 되어 금리는 더욱 하락한다. 금리가 계속해서 하락하면 주식의 요구 수익률이 낮아져 '이렇게 이자가 낮다면 차라리 주식이나 해보자'라고 생각하게 되고, 나쁜 경기 여건을 반영하여 주가도 낮은 수준이므로 주식 매입을 늘리는 요인이 점차 커진다.

결국 주가는 경기의 (-)영향과 금리의 (+)영향 간에 상호 크기에 따라 달라지는데, 계기가 주어지면 하락하던 주가가 갑자기 상승하기 시작한다. 보통 정부의 금융 및 재정 정책 등 경기부양책이 계기가 되는 경우가 많다. 불황의 정도가 심해지면 정부는 재할인율 인하, 지불준비금 인하를 통해 통화량을 늘리고 공공투자 정책을 통해 재정자금을 방출하여 경기를 부양시키므로 시중 자금사정이 좋아진다.

불경기로 상장 기업의 배당이 줄고 적자 전환이 발표되고 있음에도 불구하고 좋아진 자금 사정으로 인해 주가가 갑자기 상승하기 시작한다. 경기와 기업 이익으로 볼 때 이상 현상인 주가 반등을 보고 주식을 내다 파는 투자자도 있고, 그 중에는 이런 이상한 주가 상승이 얼마가지 않아 다시 제자리를 찾을 것이라고 보고 대주를 하거나 선물시장에서 매도 포지션을 취하기도 한다. 그러나 주가가 계속하여 상승하면 이들마저 당황하여 매입에 나서기 때문에 주가가 더욱 상승하게 된다. 따라서 주식시장은 '불황기에 주가 상승'의 모습을 띠게 된다. 바로 이러한 양상 때문에 주가가 경기에 선행하여 상승하게 된다.

시장 양상은 거래량이 급증하고 상승 종목이 많아지는 등 단기 경계 신호가 출현하기도 한다.

이때 상승은 경제 환경이 가장 어두운 국면에서 전개되기 때문에 강세 1국면으로 볼 수 있다. 따라서 대부분 주식이 상승한다. 주가가 바닥을 확인하고 반등하는 국면이므로 전반적으로 주식시장을 늘려나가는 것이 필요하지만, 종목별로 상승 정도에 차이가 나 계속 하락하는 종목도 많다. 이때 주도 종목은 큰 폭으로 오른 후에 고가권에서 등락을 반복하면서 주가가 서서히 내리는데, 고가에서 20% 정도 내렸다고 해서 매입에 나서는 것은 피해야 한다. 시장을 주도하는 종목은 낙폭과대주와 금리민감주, 재정투융자주와 공공주, 업종대표 우량주 등이다. 이 중 낙폭과대주와 금리민감주는 주가 상승 1국면의 상황이 기업실적이 악화되는 여건에서 금융 완화나 재정정책으로 경기 회복에 대한 기대가 생겨 주가가 경기에 앞서 상승하기 때문에 주도주로 부각될 수 있다. 주가 하락기에 지나치게 많이 떨어진 낙폭과대 종목일수록, 주가가 상승으로 바뀔 때 주가가 낮아졌다는 사실만으로 상승하는 근거가 되기 때문이다.

한편, 이때 상승의 또 다른 원동력이 금융완화 정책에 따른 금리 하락이므로 금리에 영향을 크게 받는 종목의 주가도 상승한다. 금리가 내린다는 것은 기업의 자금조달 코스트가 하락한다는 의미이므로 차입금 비중이 큰 업종의 주가상승률이 높다. 과거 우리나라의 경우 건설업, 도매업, 나무, 고무업종 등이 이에 해당했으나 지금은 크게 변해 차이를 찾을 수 없다. 외국의 경우 은행, 증권 같은 금융주의 상승이 두드러진다. 은행의 경우는 금리가 내리면 자금 조달 코스트가 하락하여 대출금과 마진 폭이 확대되기 때문이다. 또 증권의 경우 금리 하락으로 채권시장과 주식시장의 거래량이 급증하여 수입 수수료가 증가하며, 보통 장기 채권을 보유하고 있어 금리 하락시 자본 이득을 얻을 수 있는 등 2중, 3중의 혜택이 예상된다.

낙폭과대주, 금리민감주와 함께 상승 1국면에 인기를 모으는 것이 재정투융자 관련주다. 경제 상황이 불황이어서 금리를 조금 내리더라도 물건이 금방 잘 팔리는 것이 아니고 민간 기업도 생산을 늘리기는커녕 재고를 늘리는 것조차 망설이는 시기다. 그래서 정부가 민간 기업을 대신하여 재정규모를 확대하거나, 제도를 바꾸고 민간의 경제활동이 활성화되도록 대형 프로젝트를 시행하거나 공공시설에 대한 투자를 하게 된다. 따라서 이러한 재정투융자와 관련이 있는 업종 및 기업이 주식시장에서 인기를 얻는다. 토목, 주택 등 건설주와 대형 부동산과 관련된 종목에 순환매가 일어나기도 한다.

다음으로 금리 하락 국면에 매입이 증가하는 종목이 전력, 가스, 항공, 방송 등 공공 서비스 관련 주식인데, 이 업종이 불황에 대한 저항력이 강하기 때문이다. 이들 기업은 정부 인가사업이어서 시장이 확보되어 있고, 국내 요금도 정부에 의해 조정되기 때문에 호황기에도 매출이 30%, 50% 늘어나는 일이 거의 없다. 그러나 불황기에도 무배당인 경우는 거의 없고 도산할 걱정도 없다. 방송을 제외하면 대부분 호황기와 불황기의 배당률 차가 몇 %에 정도에 불과하다. 자본금 규모 면에서도 대형주이고 주가 수준도 저가주이기 때문에 불황기에 기관투자자가 가장 안심하고 투자하는 종목들이다. 더욱이 실적 면에서 영업 이익의 70~80%가 지급 이자이기 때문에 금리 하락 시기에 메리트가 크다.

가장 주목받는 것은 업종대표 우량주다. 주가 하락 1국면에서는 경제 환경이 극히 악화되어 있기 때문에 어떤 업종이든 재무구조가 좋은 업종대표 우량 기업에 매수세가 몰린다. 이들 대표 기업은 많은 현금 유동성을 가지고 있어 주식시장 수급 면에서도 좋은 환경에 있고, 금리 하락시 유리한 점이 있기 때문에 타업종의 이익 감소가 계속되는 시기에도 큰 폭의 이익 증가를 시현해 사상 최고 이익을 경신하므로 주가가 상승할 수 있다.

주가 상승 1국면이 무르익은 후 주가 상승 2국면으로 넘어간다.

불경기를 타개하기 위해 내놓았던 여러 가지 금융·재정 정책 효과가 시간이 지나면서 서서히 나타나기 시작한다. 예를 들면 정부의 공공투자 확대에 따라 대규모 아파트 건설이 늘어나고 동시에 주택 금융 금리 인하로 민간 기업의 주택 건설도 늘어나며 개인 주택의 증·개축도 활발해진다. 새집을 갖게 되면 가구나 세간도 바꾸게 되고, 이어서 대형 TV도 사는 등 내구 소비재 판매가 늘기 시작 한다. 또 금융 완화로 혜택을 받게 되는 은행, 증권 회사들은 지점 망 확대 필요성을 느껴 신축 빌딩의 수요도 증가한다.

전력회사도 경기대책에 협력한다는 명목 하에 설비투자를 앞당겨 발주하고 도로, 교량, 항만 정비를 포함한 민관 공동의 대형 프로젝트도 계획되어 착공이 조기에 이루어진다. 이와 같이 공공 수요가 늘기 시작하면 우선 목재·철강·시멘트 등의 업종 경기가 바닥을 치고 올라간다.

그러나 초기 단계에는 경기가 회복되었다는 것을 피부로 느낄 정도는 아니다. 상품 시황 회복도 아직 각양각색으로 좋아지기 시작한 것도 있으나 아직 내리고 있는 것도 있어 기업은 재고 증대에 신중한 태도를 유지한다. 소재 산업은 생산이 조금 늘어나며 조업도를 서서히 높여가기는 하나, 다시 시황이 나빠지는 것이 아닌가 하는 걱정이 여전히 남아 있는 시기다. 정부나 조사 기관에서도 경기에 대해 여전히 어렵다는 전망을 바꾸지 않는다. 이런 상황이 더 진행되어 국내 경기 지표 중 출하가 늘고 재고가 감소하고, 생산이 전년 대비 증가하게 되면 순차적으로 경제성장률이 높아진다. 이때에서야 정부나 민간 조사기관들이 경기의 바닥 진입을 확인하고 경기 전망을 수정하기 시작한다. 이것이 주가 상승에 또 하나의 계기가 되는데 거시 경기가 바닥을 확인하면, 주가 상승은 유동성을 지나 실적을 반영하는 형태로 넘어간다. 그러나 이 단계에서는 아직 기업 실적이 회복되지 않는 것이 보통이다. 생산활동이 상승하고 경기가 회복되지만 기업 실적의 회복을 확인하기까지 1년 정도의 시간차가 있기 때문이다.

주가 상승 2국면의 크기는 당연히 경기 확대 기간과 기업 수익의 증가 폭 및 지속 기간에 의해 결정되는데, 앞의 1국면보다 상승 기간이 긴 것이 일반적이다. 경기 확대가 계속되면서도 물가가 비교적 안정되어 금리가 어느 정도 수준에서 상승이 억제되는 한 2국면이 계속될 수 있다. 다만 1국면과 비교할 때 주가상승률이 둔화된다. 이는 1국면이 바닥권에서 반등하는 상황이어서 단기간에 급등하는 경향을 지니기 때문이다. 2국면은 말 그대로 기업의 실적 회복과 큰 폭 이익 증가가 상승의 기폭제가 되므로 주도 종목은 기업 이익이 좋아지는 정도와 순서에 따라 전산업이 순환적으로 상승하는 것이 특징이다. 이때 주도 종목은 소재 산업에서 가공 산업으로, 대형 저가주에서 중·소형 중고가주로 순환하는 특징이 있다.

먼저 가공산업 상승 과정을 살펴보면 상승 2국면 전반에는 각종 공공 정책과 민간 수요 증가로 기초 소재에 대한 수요가 증가하기 때문에 섬유, 종이펄프, 화학, 유리, 시멘트, 철강, 비철금속 등 소재 산업이 주가 상승을 주도한다. 물론 가공 산업도 상승하지만 소재 산업보다 높은 상승을 보이는 경우는 드물다. 기초 소재는 수요가 확대되었으나, 설비까지 확장할 정도로 경기가 좋아지기 위해서는 시간이 더 필요하기 때문이다. 따라서 시장의 거래량 상위 10종목 중에 가공 산업이 나타나는 경우는 별로 없다.

그러나 2국면 후반에는 경기가 장기 확장하는 것을 반영해 대형 설비투자가 이루어져 산업용 기계를 비롯한 정밀공작기계, 사무기기 등 가공도가 높은 설비투자 산업이 주가 상승을 주도한다. 기업의 이익증가율을 보더라도 소재 산업은 이익증가율이 둔화되는 반면 가공 산업은 이익증가율이 소재 산업의 이익증가율을 웃돌기 시작한다. 또 경기 확장이 장기화되면 개인 소비 관련 업종도 착실히 상승한다.

상승 2국면이 시작되면 상승 1국면에 성과가 좋았던 우량주가 퇴조하고, 경기가 좋아지면 곧바로 실적이 좋아지는 이른바 '경기 순환주'의 투자 효율이 높아진다. 대표적인 것이 가공도가 낮은 소재 산업이며 그 외에도 재무구조가 좋지 않고 기술이나 판매력이 떨어지는 업계 3류 기업 또는 한계 기업이 인기를 얻는다. 경기 확대가 장기화하기 시작하면 신뢰가 높은 업계 대표 기업에 제품을 발주하더라도 주문 폭주로 인해 납기가 늦어진다. 이러한 때에는 신뢰가 다소 떨어지더라도 납기를 맞출 수 있는 2, 3류 기업에서 제품을 사들이거나 발주하기 때문이다.

자본금 면에서 보면 철강, 화학, 비철금속과 같은 대형주나, 주가 수준 면에서는 저가주가 여기에 속한다. 특히 시장 수급 면에서 이 두 가지 조건을 채우는 종목군은 대개 유동성이 커 대량 매매가 가능하기 때문에 기관투자자에게 인기가 있어 주가 상승이 크다. 이 국면에서는 여전히 자금 잉여 현상이 계속되고 있어 법인이나 금융 기관의 여유 자금이 주식시장으로 흘러들어 온다. 한편 상승 업종이 저가 대형주이고 기관투자자의 활발한 매매에 의해 더욱 증폭되기 때문에 분산 투자보다 집중 투자가 투자 수익을 올리는 방법이다. 거래량 상위 10종목의 거래가 시장 전체 거래량의 50%를 넘는 경우도 많다.

상승 2국면 막바지에는 경기가 확장세를 지속하나 주식시장으로 자금이 더 이상 유입되지 않고, 실적은 증가하나 그 증가율이 둔화되어 대형 자본을 필요로 하는 소재 산업이나 시가총액이 큰 종목의 주가 움직임이 둔화된다. 이런 시기에는 이익 규모가 계속 증가할 것으로 예상되는 성장주의 주가 상승이 커진다. 또 호황이 계속되어 개인 소비가 왕성하기 때문에 수요에 부응하는 히트 상품을 개발하는 기업도 주가 상승이 커진다. 이는 기업 수익증가율보다 중기적인 성장성을 중시하는 쪽으로 투자 초점이 바뀌기 때문인데, 히트 상품의 기여도는 기업 규모가 작을수록 커지므로 대형주보다 중소형주가 더 선호되고 거래량 평균도 감소한다. 가격 면에서도 주당 매매단가가 상승하여 시장 평균 단가보다 높아지기 때문에 중고가주가 더 상승한다. 또 지수는 하락해도 신고가 종목이 많아져 집중 투자보다 분산 투자가 더 효율적이다. 다만 이 시점에 중소형 중고가주를 살 경우 유사시 주식시장이 외부 충격으로 인해 하락하더라도 영향을 거의 받지 않을, 즉 성장성이 좋고 재무 구조가 좋은 종목을 선택해야 한다.

 장기 상승을 여는 한국 주식시장

종합주가지수가 16년 만에 장기 상승에 들어갔다.
주가 상승의 원동력은 세 가지다.
첫째, 지난 7년 간의 구조조정으로 우리 경제의 체질이 개선됐다는 점이다.
외환위기 이후 구조조정을 통해 우리 경제는 높은 생산성과 효율성을 갖는 형태로 변모했다. 그 결과로 나타난 것이 기업 이익 증가인데, 2002년 이후 이어지고 있는 높은 이익 증가는 비용 절감이나 순환적인 경기 활황을 넘어 구조적인 형태로 이어지고 있다. 한편, 2년 간 가계가 소비를 하지 않아 부채 부담이 줄었다. 이는 자산 구조 건전화를 통해 소비가 정상화될 수 있는 기틀이 됐는데, 앞으로 소비가 빠르게 늘어날 것이다. 미국은 1980년대 구조조정을 마무리한 후 10년 간 경기 호황과 주가 상승을 맞았다. 우리 역시 구조조정의 효과가 나타날 수 있는 상황이 됐다.

둘째, 순환적인 경기 회복이다.
선진국 경기와 국내 소비 부진으로 경기 침체가 지속될 것이라는 전망에도 불구하고, 현실은 반대로 진행되고 있다. 선진국 경기가 2004년 말에 조정을 마치고 다시 회복 국면에 들어섰다. 과거 선진국 경기의 전형적인 패턴을 살펴보면 바닥→급등→조정→장기간에 걸친 완만한 상승으로 이어졌음을 알 수 있었다. 우리나라도 이런 흐름을 따르고 있다.
국내 내수도 활성화될 전망이다. 소비 구조조정으로 내수 부진의 구조적인 문제가 해결됐고, 이제는 심리적인 부분만 남았다.
이 부분의 해결은 어려울 수도 있지만, 의외로 손쉽게 해결될 수도 있는 양면성을 지니고 있다. 금융시장 활성화되고 주가가 상승할 경우 심리적 개선이 이루어지면서 소비가 회복될 것이다.

셋째, 국내 유동성 유입이다.
앞으로 주식시장 내 자금 유입은 단순히 증권시장 내에서 채권과 주식 사이에 자금이 이동하는 차원을 넘어, 은행을 포함한 전체 금융자산의 재편 과정이 될 것이다. 그만큼 자금 유입 기간이 길 수 있다는 의미가 되는데, 특히 상승 초반에 유동성 유입은 주식시장에 큰 힘이 될 것 이다.

앞으로 주식시장은 지난 16년과 다른 환경과 패턴에서 움직일 것이다. 장기 상승으로 이어질 가능성이 높다. 우선 저평가된 Valuation을 정상화시킨 후, 이익 개선에 맞춰 주가가 상승하는 형태로 발전할 것이다.

1. 구조 변화가 주가 상승의 밑거름

외환위기를 계기로 노동력을 투입하고, 설비 투자를 늘려 성장을 이끌어가는 전략이 사라지면서 성장이 둔화됐다. 지난 16년 간 주가가 1,000P를 기록한 후 미끄러져내린 것도 이런 성장 전략이 사라진 영향이 컸다.

앞으로 어떻게 될 것인가는 우리 경제가 효율적이고 기술 집약적인 형태로 변화했느냐 하는 점과 직결된다. 이 부분이 이루어질 경우 한국 주식시장은 장기 상승의 발판을 마련할 수 있기 때문이다.

효율화에 관한 판단은 생산성을 통해 이루어진다. 생산성이 주어진 요소를 이용해 얼마나 많은 산출을 만들어내느냐를 평가하는 지표이므로, 생산성이 높은 경제일수록 생산 요소의 효율성 또한 높다고 볼 수 있기 때문이다. 우리나라의 평균 노동 생산성 증가율은 13%대다. 과거에도 2001년에만 낮았을 뿐, 대부분 8~12%대 수준이어서 2004년에 특별히 높아졌다고 볼 수 없다.

그러나 생산성을 구성하는 항목을 비교해 보면 현저한 차이가 있다. 1990년대와 2004년 모두 생산성을 구성하는 산출량과 노동 투입량 중에서 산출 증가가 생산성 향상에 주역을 담당했다. 문제는 1990년대는 산출 증가가 기업 수익성으로 연결되지 못한 반면, 최근에는 이 과정이 이루어졌다는 점이다. 1990년에서 외환위기 직전인 1996년까지는 평균 영업 이익증가율이 10.2% 였고, 이익 변동성은 대단히 컸다. 같은 기간 평균 산출 증가율이 15%였음을 감안하면 산출 증가에 다른 레버리지 효과가 거의 나타나지 않았다고 볼 수 있다.

이런 차이는 1990년대 우리 기업이 '박리다매'형 매출 구조를 가지고 있어, 산출이 증가해 생산성이 높아져도 실제 수익과 거리가 멀었음을 의미한다. 이에 비해 최근에는 산출이 4% 증가에 그쳤지만 노동생산성이 크게 증가했다. '1999~2000년 대규모 IT 투자와 그 이후에도 연평균 9% 정도 늘어난 IT 투자로 근로자들이 좀더 좋은 기계를 이용함에 따라 생산이 늘었기 때문이다. 생산에 따른 수익성을 보면 산출이 4%에 증가에 그친 반면, 수익 증가율은 20%에 달해, 생산성 증가가 고수익 구조로 연결되었음을 알 수 있다. 높은 생산성 증가는 탄탄한 기업 이익 창출의 밑거름이 된다.

기업은 경영활동을 통하여 부가가치를 창출한다. 이때 창출된 부가가치는 기업, 근로자, 금융기관, 정부 등으로 배분된다. 최근 들어 부가가치 배분에서 기업이 차지하는 몫이 커지고 있다. 상장 기업의 과거 전체 부가가치 중 기업에 귀속되는 부분은 1990년대 초에 18%에 머물렀지만, 2002년에 40%대로 높아졌고, 2004년에는 57%를 기록하고 있다. 이 부분만큼 근로자와 금융기관이 차지하는 부분이 줄었다. 특히 금융기관의 배분 몫은 1998년 43%대에서 2004년 4%대로 떨어졌다. 비중 축소가 배분액의 감소를 의미하지는 않는다. 근로자 귀속액을 살펴보면 1990년 9조 원에서 2003년 25.1조 원 2004년에 25.8조 원까지 증가했고, 근로자 1인당 귀속분도 1,189만 원에서 4,729만 원으로 높아졌다. 이렇게 생산성 개선은 기업 수익성 향상을 가져오는 원천이다.

생산과 관련된 요소들에게 적정 수준의 보상을 지불한 후에도, 기업이 높은 이익을 유지할 수 있었던 이유는 생산성 향상을 통해 이익의 파이가 커졌기 때문이다. 우리 경제는 생산성 향상을 통한 효율화되는 선순환 구조에 들어가 있다.

현재의 높은 생산성은 상당 기간 이어질 것이다. 그 이유로는 세 가지로 요약할 수 있다.

첫째, 과거 같이 대량 생산 요소를 투입하는 경제 구조가 재현되지 않을 것이다.

1990년 이전에 상장되어 현재까지 거래소에 남아 있는 제조 기업 중, 워크아웃 등 재무구조 개선 대상이 되었던 회사를 제외한 360개 상장 기업의 종업원 수는 2000년 이후 55만 명 수준을 유지하고 있다. 외환위기 이후 고용구조가 바뀌었다는 점을 감안하면 급격한 노동 투입 증가는 없을 것이다.

둘째, 노동의 숙련도가 높아졌고, 생산 관련 설비도 꾸준히 늘어났다.

이런 경향은 외환위기 이후 구조조정 과정에서 특히 심화됐는데, 향후 안정적인 성장의 밑바탕이 될 것이다.

셋째, 1999년 이후 IT 투자가 효과를 발휘하고 있다.

우리는 1999년~2000년에 대규모 IT 투자를 했고, 그 이후 IT 경기 위축기에도 10% 내외의 투자 증가율을 유지해 IT 산업 자체의 생산성 향상이 크게 증가했을 것으로 추정된다. 다른 업종 기업도 IT 투자를 확대하면서 생산성이 높아지고 있는데, 이 중 IT를 통한 서비스업 생산성 증가가 주목된다. 우리나라 서비스업은 대량 생산이 불가능한 특성 때문에 생산성 증가율이 제조업의 3분의 1 수준에 지나지 않는다. 이 부문 역시 1999년 이후 IT 투자를 통해 생산성 향상이 가시화되고 있다.

2. 소비 구조조정은 끝났다.

기업 구조조정이 가닥을 잡던 2002년부터 개인 부채 문제가 새롭게 대두됐다. 외환위기 이후 취약해진 개인 금융 부분이 2001년 신용카드 문제를 만나면서 사태가 악화됐는데, 2004년까지 상황은 강도의 차이가 있을 뿐 다른 나라들이 겪은 금융 위기가 유사한 형태였다.

이제 소비 구조조정이 완료 단계에 들어갔다. 이는 상당히 의미 있는 일이다. 외환위기 이후 4~5년에 걸쳐 기업 구조조정의 대강이 완성됐기 때문에 소비 구조조정까지 마무리될 경우, 당분간 우리 경제가 특별한 구조적 위험에 봉착할 가능성이 없다.

우선 시간상으로 볼 때 소비 구조조정이 마무리될 때가 됐다. 금융위기를 겪었던 다른 나라의 사례를 살펴보도록 하자. 남미 국가의 경우, 금융위기를 초래한 신용과 소비 확장 기간이 2.3~2.5년, 위기 발생 후 치유 기간이 2.7~3.2년으로 대략 5년 정도면 상황이 정상으로 돌아왔다. 선진국의 예도 있는데, 1980년대 말~90년대 초 금융위기를 겪었던 북구 3국과 영국이 이에 해당한다. 이들 국가 역시 금융 완화에 따른 신용 팽창 후유증 때문에 위기가 발생했다. 치유가 마무리된 시점을 실업률 위기 이전 수준으로 회귀한 때로 보면, 대략 3년 정도였다. 선진국이 남미에 비해 치유 기간이 긴 것은 기준 변수로 실업률을 사용했기 때문일 뿐, 실제 회복을 체감할 수 있는 시점은 대략 2.5~3년 정도로 비슷하다.

위기의 강도는 우리보다 북구 3국과 영국이 훨씬 강했다. 위기 국면 중에 성장률과 내수 소비가 (-)를 기록했고, 자산 가격 하락과 실업률 증가도 나타날 정도였다.

우리 신용 문제가 가시권 내에 들어온 시점을 2002년 4분기로 볼 때, 이미 시간상으로 2년 반이 지났다. 다른 나라의 예를 볼 때 위기를 치유할 수 있는 시간이 됐다고 판단한다. 문제는 위기 강도인데, 우리나라가 맞부딪힌 위기 상황은 다른 나라에 비해 약하다. 다른 나라와 달리 우리는 지난 2년 동안 꾸준히 성장을 유지해 왔고, 자산 가격 하락도 심하지 않았다.

이 점에 비춰 앞으로는 신용 문제가 국내 소비를 압박하지 않을 것으로 기대된다.

부채 문제가 경제에 부담을 주는 경우는 두 가지인데, 부채의 절대 규모가 클 때와 부채 증가율이 빠를 때가 그 경우인데 우리는 이 두 문제 모두에서 벗어나고 있다.

부채 규모를 보면 2004년 3분기 현재 (금융부채/금융자산) 비율이 50.8%를 기록하고 있다. 1990년대 평균치인 46~48%와 비교해 3%P 정도 높아 부채의 절대 규모가 큰 것이 사실이다. 그러나 경제 규모가 커지고, 금융이 발전할수록 가계의 금융 의존도가 높아진다는 사실과 선진국과 비교할 때 우리 부채 의존도가 그다지 높지 않다는 점을 감안하면 부채 규모가 경제에 부담이 되지는 않을 것이다.

더욱 중요한 부분은 부채-자산 비율이 2002년 4분기를 기점으로 점진적인 하향세를 보이고 있다는 점이다. 이런 사실은 부채 증가율이 급변을 지나 안정 단계에 들어갔다는 증거다.
부채 문제가 진정되면서 주목받는 부분이 자산이다.
가계의 금융자산에서 금융부채를 차감한 순금융 자산은 2001년 이후 6분기 동안 감소한 후, 2002년 3분기부터 다시 증가하고 있다. 순금융 자산 증가는 소비가 늘어날 수 있는 밑거름이므로 시간이 흐를수록 경기 회복에 힘을 보태줄 것이다.

3. 안정 성장, 지속적인 주가 상승
한국 경제의 미래는 어떤 모습일까?
선진국의 예를 보면 미국, 영국과 북구 3국 공통적으로 조정이 완료된 후 안정 성장에 들어갔다. 미국과 영국은 1992년 이후 7년 간 2.5~4%대, 북구 3국도 4년 간 4%대 성장을 기록했다.
이런 결과가 나온 이유는, 과거 경기 확장기에 자본과 기계 설비 투자 위주로 진행되던 성장이 한계에 부딪혔기 때문이다. 구조조정을 겪으면서 경제 마인드가 수익성을 중시하는 형태로 바뀌는 것도 요소 투입을 제한하는 요인이 되는데, 요소 투입이 줄면서 경기 변동성이 약해져 안정 성장의 기틀이 마련된다.
순환적인 경기 등락 폭이 축소되는 것도 안정적인 성장을 만드는 요인이 된다.
경제가 구조적인 문제를 안고 있을 때 순환적인 경기 둔화 국면이 도래하면, 구조적인 취약점이 강해지면서 경기 위축이 심화된다. 외환위기가 이를 단적으로 보여주었는데, 1993~95년의 대규모 투자로 과잉 생산과 과잉 부채가 발생한 상태에서 1997년에 주력 수출품 가격이 하락하자 대외 거래가 악화되면서 경기가 급냉했다.
앞으로 우리는 안정적인 성장 과정을 겪게 될 것이다.
1997년 이전까지 경제 성장은 노동력을 늘리고, 기계 설비를 확장하는 것으로 지탱해 왔지만, 이제는 기술 발전과 연관된 효율성이 지배할 가능성이 높다. 우리 경제는 이런 변화에 적응해 가고 있다
경제가 안정되면 주식시장도 꾸준한 이익 증가를 바탕으로 적정 PER가 점차적으로 높아지는 과정이 나타날 것으로 보인다.
상장 기업의 영업마진이 유지될 수 있을지 평가하기 위해 1990년 이전 상장되어 현재까지 유지되고 있는 기업 중 워크아웃 등의 재무 변동이 있었던 기업과 삼성전자, 금융업종을 제외한 396개 기업의 영업 이익과 매출액 영업 이익률 변화를 살펴보면 영업 이익이 가장 큰 그룹에 속하는 60여 개 기업이 전체 이익의 91%를 차지했다. 1990년에 해당 수

치가 69%였음을 감안하면 10여 년 동안 이익이 한쪽으로 계속 치우치는 과정이 진행되었음을 알 수 있다.

영업 이익이 가장 많이 나는 기업들의 이익도 안정적이다. 이들의 평균 영업 이익률은 2000년 이후 8~10% 정도, 2000년 이전에도 일정 수준에서 이익률이 크게 변하지 않은 모습을 보였다. 이익의 절대액을 차지하는 상위 그룹이 상당히 안정적인 이익 구조로 바뀌고 있다면, 이는 과거와 달리 우리 기업들의 이익이 경기 둔화에 어느 정도 내성을 갖는 구조로 옮겨가고 있다는 의미가 된다. 이런 변화로 유추해 볼 때 앞으로는 경기 변동에 따라 이익이 급격히 변하는 악순환이 줄고 이는 우리 주식시장의 적정 PER를 높이는 요인이 될 것으로 전망된다.

구조조정으로 한국 경제의 모습이 바뀐 결과 주가는 어떻게 될까?

주가 역시 안정 성장에 맞춰 꾸준히 상승하고, 다른 나라에 비해 상승률이 높을 가능성이 있다. 과거 미국 주가 동향이 사례가 될 수 있는데, 구조조정 기간 중 주가가 미국을 제외한 선진국에 비해 60%밖에 오르지 못했다.

그러나 구조조정이 끝난 후 8년 간에 걸쳐 다른 나라의 2.4배에 달하는 초과 상승을 기록했다. 영국은 미국처럼 뚜렷한 특징이 나타나지 않았지만 구조조정이 완료된 후 50%나 초과 상승해 유사한 형태임을 보여주었다.

이런 점에서 볼 때 앞으로 우리 주식시장은 경제의 변화를 반영해 장기 상승에 들어갈 것으로 전망한다. 1989년 이후 16년 간 주가는 구조적인 문제로 인해 경기 순환에 따른 등락만을 거듭해 왔지만, 이제는 이런 구조가 변화할 수 있는 때가 됐다. 물론 지난 15년 동안의 대세 상승기와 비교할 때 앞으로 상승 속도는 훨씬 떨어질 텐데, 이는 우리 경제가 안정적인 저성장 국면으로 접어든 데 따른 불가피한 결과로 파악된다.

4. 주도주는 어떤 종목이 될까?

앞으로 주식시장을 이끌어갈 시장 주도주는 증권주를 포함한 금융주일 것이다.

그 이유는 증권주의 수익이 예상보다 크게 증가할 가능성이 높기 때문이다. 주가가 상승할 때 거래대금이 늘고, 거래대금 증가가 증권사 이익 증가의 원천이 되는 것이 일반적 이다. 특히 앞으로 주가가 상승할 경우, 국내 투자자가 매수 주체로 부상할 가능성이 높아 증권주에 더더욱 힘을 실어줄 것이다.

정부정책 변화도 예상된다. 그 동안 우리 금융정책은 은행을 중심으로 전개되어 왔다. 정책적 효과와 예금자의 안정 심리가 맞물려 대규모 유동성이 은행으로 유입됐지만, 은행이 산업계로 자금을 중계해 줄 것이라는 정부의 바람이 충족되지 못했다.

금융시장이 정상화된 상황에서 정부는 대안 육성에 나설 것이고 그 대상이 증권업이 될 가능성이 높다.

주가가 크게 하락했고, 업황이 더 이상 악화되지 않을 것이라는 점은 주가에 가장 큰 힘이 될 것이다. 전체 시가총액에서 증권업이 차지하는 비중이 1989년 한때 18%에 육박했으나, 현재는 1.94%에 지나지 않는다. 업황이 지속적으로 악화되어온 것을 감안하더라도 주가 하락이 지나쳤다고 판단된다. 더 이상 업황이 나빠지지 않는 상황이라면 주가의 상승이 뚜렷하게 나타날 가능성이 높다.

마지막으로 1,000P에서 사상 최고치까지 유동성이 상승의 원동력이 될 가능성이 높다. 1,000P는 국내 투자자들에게 새로운 시작을 의미한다. 자금이 유입된다면 절대가격이 낮고 손쉽게 주식을 확보할 수 있는 대상이 선호될 수밖에 없는데, 그 첫 대상이 증권을 포함한 금융주가 될 가능성이 있다.

증권업이 다른 업종에 비해 구조조정이 더디다는 약점을 갖고 있는 것이 사실이다. 그러나 증권업의 구조조정은 업계 전체의 참여자를 줄이는 다른 산업의 조정 과정과 달리, 해당 기업들이 자율적인 조정을 꾸준히 시행해 왔기 때문에 이 부분이 상승에 걸림돌이 되지는 않을 것이다.

조만간 IT 경기가 회복되고 주가 역시 상승할 것으로 전망된다.

물론 IT 경기는 본격 회복까지 어느 정도 시간이 걸리겠지만, 1995년 반도체 경기 둔화나 2000년 버블 붕괴와 같은 쇼크로까지 발전하지 않을 것이다. 1995년 시작된 반도체 경기 둔화는 DRAM 가격이 고점 대비 70% 이상 떨어져서야 마무리됐다. 1995년 반도체도 최근 LCD와 마찬가지로 극심한 공급 초과가 가격 하락의 원인이었다.

당시 미국 반도체 기업들의 펀더멘털을 살펴보면 매출액 경상이익률이 1994년 27%에서 1995년에 18%로 9%P 정도 떨어졌다. 2000년에는 38%이던 미국 반도체 기업의 매출액 경상이익률이 다음해에 4%대로 추락했다. 매출액 자체도 23% 감소했고, 이익은 92%나 줄었다. 과거와 비교할 수 없을 정도로 심각한 불황이어서, 주가가 2년 동안 63%나 하락했다.

LCD 가격 하락과 IT 제품 재고 확대에 따른 불황이 아직 마무리되지 않았지만, 불황의 정도는 과거에 비해 약하다. 1995년 불황 때 반도체 가격 하락은 최근 LCD 가격 하락보다 더 빨랐고, 공급과잉 정도도 심했다. IT 가격 하락이 상당 폭 진행된 만큼 앞으로는 매출 증가를 통한 경기 회복이 나타날 것이다.

IT 주가는 지난해 큰 폭 하락으로 PER가 낮아진 만큼 업황보다 빠르게 상승할 것이다.

2월 현재 미국 IT 기업의 12개월 예상 PER은 20배 내외로 1997년 이후 가장 낮다. 어느 정도가 적절한 PER인지에 대한 판단 기준은 없다. 다만 1995년 이래 미국 IT 기업의 PER가 20배 수준을 밑돈 경우가 흔치 않다는 점은 주목할 만하다.

우리나라 IT 기업도 비교 PER가 낮다. IT 기업은 성장성이 높기 때문에 비IT 기업에 비해 PER가 높은 것이 일반적이다. 둘 사이의 차가 IT 기업의 프리미엄이 되는데, 이를 통해 IT 기업과 비IT 기업의 비교 주가가 적정 수준인지를 판단할 수 있다.

2005년 초 현재 IT 기업의 PER는 비IT 기업에 비해 31% 높게 거래되고 있다. 이는 2003년 중반에 비해 18%P 정도 하락한 것으로 IT 기업 주가가 상대적으로 저평가되었음을 보여준다.

경제지표로 보는
주식시장 흐름읽기

지은이 | 안창희 · 이종우
펴낸이 | 김경태
펴낸곳 | 한국경제신문 한경BP

제1판 1쇄 발행 | 2005년 8월 20일
제1판 3쇄 발행 | 2007년 8월 10일

주소 | 서울특별시 중구 중림동 441
기획출판팀 | 3604-553~6
영업마케팅팀 | 3604-561~2, 595 FAX | 3604-599
홈페이지 | http://www.hankyungbp.com
전자우편 | bp@hankyung.com
등록 | 제 2-315(1967. 5. 15)

ISBN 89-475-2522-7
값 11,000원

파본이나 잘못된 책은 바꿔 드립니다.